CONTEÚDO DIGITAL PARA ALUNOS

Cadastre-se e transforme seus estudos em uma experiência única de aprendizado.

1  Entre na página de cadastro:
https://sistemas.editoradobrasil.com.br/cadastro

2 Além dos seus dados pessoais e dos dados de sua escola, adicione ao cadastro o código do aluno, que garantirá a exclusividade do seu ingresso à plataforma.

2410399A3939746

3 Depois, acesse:
https://leb.editoradobrasil.com.br/
e navegue pelos conteúdos digitais de sua coleção. **:D**

Lembre-se de que esse código, pessoal e intransferível, é válido por um ano. Guarde-o com cuidado, pois é a única maneira de você acessar os conteúdos da plataforma.

CB015103

Editora do Brasil

Vilza Carla

É tempo de aprender

LIVRO INTEGRADO

Educação Infantil

4ª Edição
São Paulo, 2020

Dados Internacionais de Catalogação na Publicação (CIP)
(Câmara Brasileira do Livro, SP, Brasil)

Carla, Vilza
  Tic-tac : é tempo de aprender : meu primeiro livro : educação infantil / Vilza Carla. -- 4. ed. -- São Paulo : Editora do Brasil, 2020.

  ISBN 978-85-10-08248-8 (aluno)
  ISBN 978-85-10-08249-5 (professor)

  1. Educação infantil I. Título.

20-36101   CDD-372.21

Índices para catálogo sistemático:

1. Educação infantil   372.21

Cibele Maria Dias - Bibliotecária - CRB-8/9427

4ª edição / 7ª impressão, 2024
Impresso no parque gráfico da PifferPrint

Avenida das Nações Unidas, 12901
Torre Oeste, 20º andar
São Paulo, SP – CEP: 04578-910
Fone: +55 11 3226-0211
www.editoradobrasil.com.br

© Editora do Brasil S.A., 2020
Todos os direitos reservados

Direção-geral: Vicente Tortamano Avanso

Direção editorial: Felipe Ramos Poletti
Gerência editorial: Erika Caldin
Supervisão de arte: Andrea Melo
Supervisão de editoração: Abdonildo José de Lima Santos
Supervisão de revisão: Dora Helena Feres
Supervisão de iconografia: Léo Burgos
Supervisão de digital: Ethel Shuña Queiroz
Supervisão de controle de processos editoriais: Roseli Said
Supervisão de direitos autorais: Marilisa Bertolone Mendes

Supervisão editorial: Carla Felix Lopes
Edição: Carla Felix Lopes
Assistência editorial: Beatriz Pineiro Villanueva
Auxílio editorial: Marcos Vasconcelos
Especialista em copidesque e revisão: Elaine Cristina da Silva
Copidesque: Gisélia Costa, Jonathan Busato, Ricardo Liberal e Sylmara Beletti
Revisão: Amanda Cabral, Andreia Andrade, Fernanda Almeida, Fernanda Prado, Flávia Gonçalves, Gabriel Ornelas, Mariana Paixão, Martin Gonçalves e Rosani Andreani
Pesquisa iconográfica: Lucas Alves
Assistência de arte: Carla Del Matto e Daniel Souza
Design gráfico: Patrícia Lino
Capa: Patrícia Lino
Imagem de capa: Maria Kriadeira Ateliê/ Bianca Lemos Fotografia
Ilustrações: Carolina Sartório, Camila de Godoy, Conexão, Janete Trindade, Lorena Kaz, Silvana Rando
Editoração eletrônica: Adriana Tami Takayama, Bruna Pereira de Souza, Camila Suzuki, Viviane Yonamine e Wlamir Miasiro
Licenciamentos de textos: Cinthya Utiyama, Jennifer Xavier, Paula Harue Tozaki e Renata Garbellini
Controle de processos editoriais: Bruna Alves, Carlos Nunes, Rita Poliane, Terezinha de Fátima Oliveira e Valéria Alves

Ilustrações: Silvana Rando

Criança, meu amor,

Este livrinho é todo seu. Ele está cheinho de brincadeiras prazerosas e motivadoras que ajudarão você a compreender o mundo a sua volta e a perceber como é agradável e divertido aprender!

Com ele, você poderá interagir e brincar com os colegas e com o professor de várias formas: cantando, jogando, desenhando, pintando, divertindo-se com as cantigas, parlendas, quadrinhas, poemas, adivinhas, trava-línguas e muito mais.

Os conteúdos integrados, com temas abrangentes e relacionados a seu dia a dia, favorecerão sua aprendizagem, seu desenvolvimento e sua socialização. E isso com certeza será motivo de muita alegria para você e para todos que torcem por seu sucesso! Legal demais, não é?

Agora, vamos brincar, vamos?

Vilza Carla

TIC-TAC – É Tempo de Aprender é a coleção mais querida do Brasil!

Ilustrações: Silvana Rando

VILZA CARLA

- ⭐ Formada em Pedagogia com habilitação em Orientação Educacional.
- ⭐ Pós-graduada em Psicopedagogia.
- ⭐ Vários anos de experiência no trabalho com crianças em escolas das redes particular e pública da Educação Infantil e do Ensino Fundamental I.
- ⭐ Autora da **Coleção Tic-tac – É Tempo de Aprender** (versão integrada e versão seriada), da Editora do Brasil, destinada a crianças da Educação Infantil.
- ⭐ Coautora da **Coleção Essa Mãozinha Vai Longe – Caligrafia**, da Editora do Brasil, destinada a crianças da Educação Infantil e do Ensino Fundamental (1º ao 5º ano).

Para todas as crianças do Brasil!

Um poema para as crianças

Caramba!
Como é demais
Ser criança.
A gente pula,
Corre, cai, levanta,
Vai e volta,
E nunca se cansa.

Ah! Ah! Ah!
Como é bom ser criança!
[...]
Puxa!
Como é legal
Ser criança.

A gente bate a cabeça,
Corta o dedão,
Esfola o joelho,
Machuca o bumbum,
E nunca descansa.

Ai! Ui! Ai!
Como é bom ser criança!

Lalau. **Hipopótamo, batata frita, nariz: tudo deixa um poeta feliz!** São Paulo: DCL, 2009. p. 23.

SUMÁRIO

Coordenação visomotora

Tracejado 13
Colagem 14, 22
Labirinto 16, 19, 35
Desenho 17, 34
Picote e colagem 18, 22
Pontilhado 21, 29
Figura-fundo 58

Matemática

Cores 23, 25, 26, 27
Orientação espacial 40, 41, 44, 47, 48
Tamanho 42, 43
Semelhanças e diferenças 49, 50
Altura 51
Orientação temporal 52
Quantidade 53
Traçando os números 86-95

Linguagem

Cantiga
Parlenda
Quadrinha popular
Trava-língua
Poema
Chula de palhaço

Adivinha
Tirinha
Atenção e memória auditiva 15, 31, 45, 46
Atenção e memória visual 28, 54, 57
Análise e síntese 30
Interpretação de cenas 32, 33
Traçando as vogais 76-85

Natureza

Nosso corpo 36, 37
Hábitos de higiene 38, 39
Os animais 55, 56
As plantas 62, 63, 64
O tempo 71, 72, 73
O dia 74
A noite 75

Sociedade

A criança 8, 9, 11, 12
Expressões e sentimentos 20
A família 59, 60, 61
A escola 65, 66, 67, 68
Os amigos 69, 70

Datas Comemorativas

Carnaval 97
Páscoa 99
Dia Nacional do Livro Infantil 101
Dia do Amigo 103
Dia do Índio 105
Dia das Mães 107
Festas Juninas 109, 111
Dia dos Pais 113
Dia do Folclore 115
Dia Mundial dos Animais 117
Dia da Criança 119
Dia do Professor 121
Dia da Bandeira 123
Natal 125

Ficha individual de observação 127, 128

Observação
As atividades deste livro são totalmente integradas. Portanto, elas podem ser aproveitadas em áreas diferentes das classificadas neste sumário.

A criança

– **Qual é seu nome? Você sabe quem escolheu esse nome para você?**

Peça a um adulto de sua família que conte e registre como foi a escolha de seu nome e o que ele significa. Reconte a história aos colegas. Depois, escolha um gizão de cera e pinte o patinho.

**Pato, patinho
Sabedor juiz.
Faça com que o(a) (nome)
Seja muito feliz!**

Parlenda.

Janete Trindade

– O que você já pode fazer sozinho?

Com a ajuda do professor, recorte o crachá e passe um pedaço de barbante nos furinhos.

**Este sapo é bem novinho.
Ainda nem consegue pular.
Vamos chamar o(a) (nome)
Pra pular no seu lugar?
Pula, pula, (nome)!
Pula, pula, sem parar!**

Texto escrito especialmente para esta obra.

Modelo:

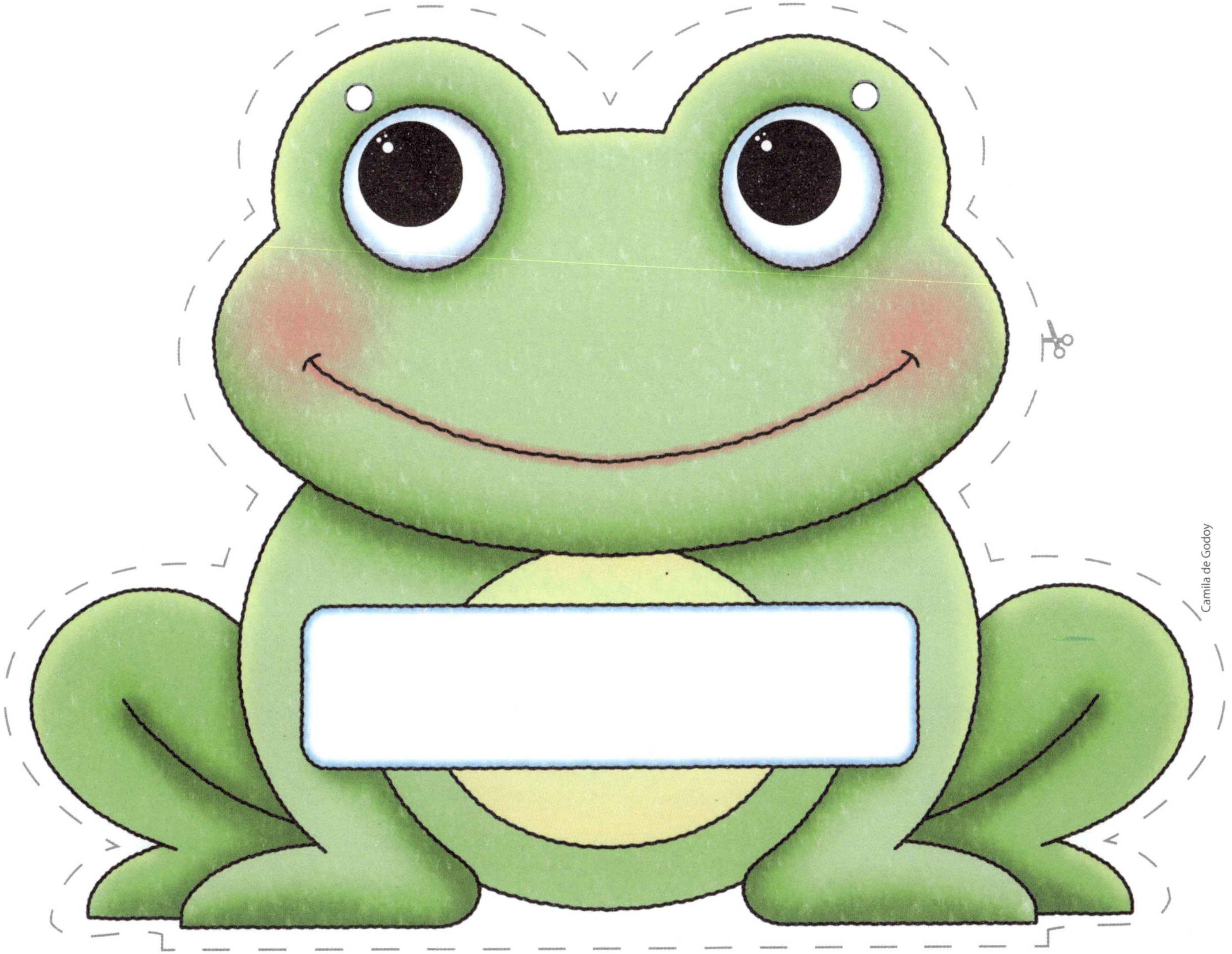

Samuel gosta muito de brincar.
– E você, gosta de brincar também?

 Observe Samuel brincando. Depois, risque somente o brinquedo dele.

Ilustrações: Silvana Rando

– **Qual dessas brincadeiras você prefere?**

 Responda pintando a bolinha correspondente.

Ser criança, poder brincar,
Qualquer coisa transformar.
O faz de conta é fantasia
Daquelas boas, com alegria.

Tatiana Belinky. **Ser criança.** São Paulo: Companhia das Letrinhas, 2013. p. 16.

Ilustrações: Silvana Rando

Tracejado

Maria Júlia adora seu ursinho.

– Há brinquedos só de meninas e só de meninos, ou é mais divertido brincar com todos eles?

 Cubra com lápis de cor o tracejado que leva Maria Júlia ao ursinho. Depois, pinte o ursinho.

Colagem

– Depois de brincar, você costuma guardar seus brinquedos? Onde você os guarda?

Cole dentro da cesta figuras de brinquedos com os quais você gosta de brincar.

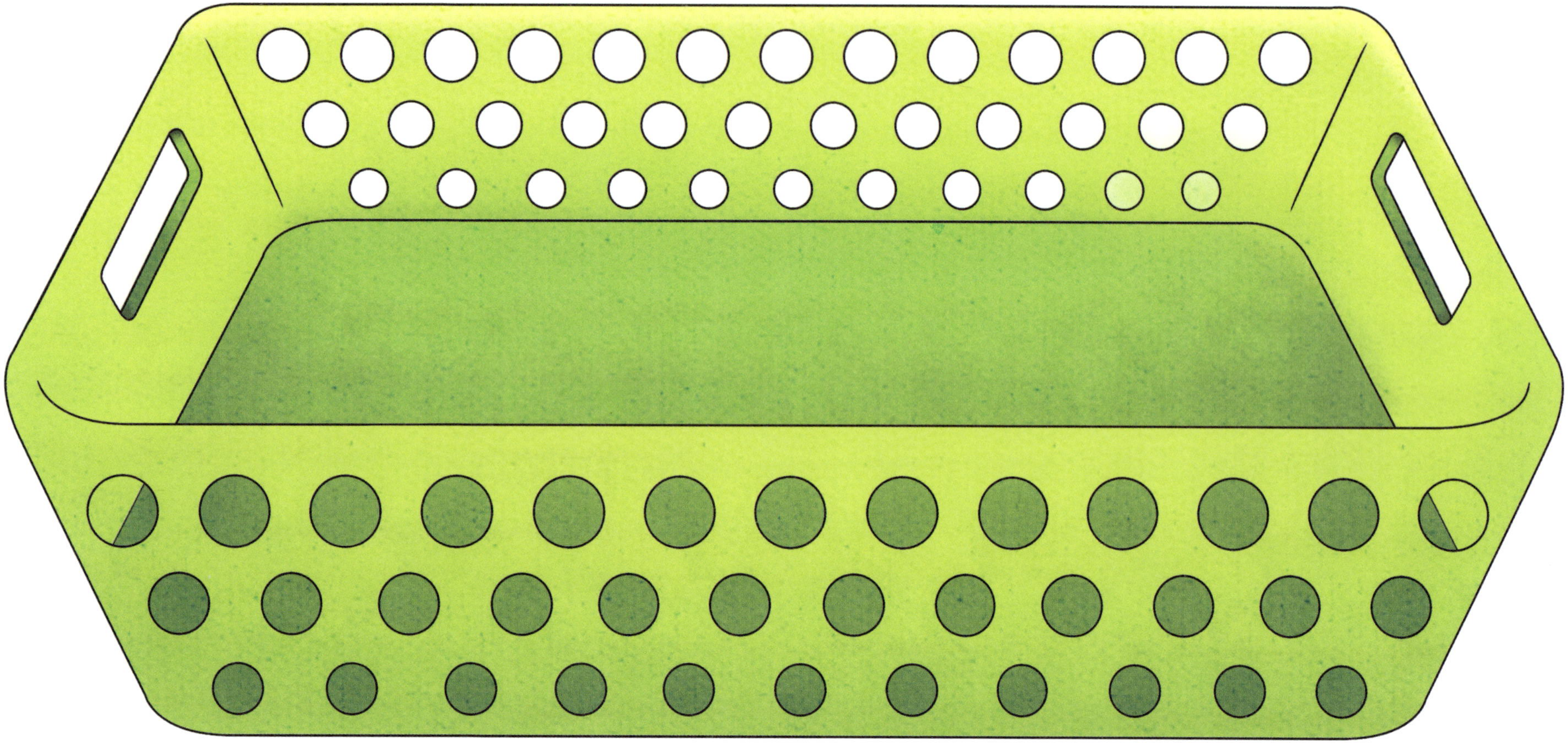

Carolina Sartório

Atenção e memória auditiva

*Se ouvir o leão rugir,
É melhor você fugir.*

Roger Priddy. **Macaquinho e seus amigos.** Curitiba: Libris, 2012. p. 9.

– Que animais você vê nesta página? Você sabe imitar um leão?

Com canetinha hidrocor, circule somente o animal citado na rima.

Labirinto

– Vamos brincar de "senhor caçador"? Você já conhece essa brincadeira?

Ajude o gatinho a chegar até seu pratinho pintando as bolinhas com tinta a dedo. Depois, pinte o pratinho.

Senhor caçador,
Preste bem atenção!
Não vá se enganar
Quando o gato miar!
Mia, gato!

Parlenda.

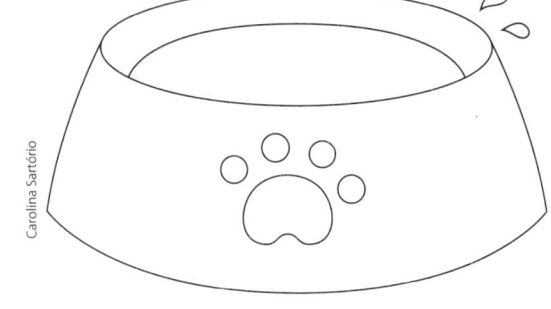

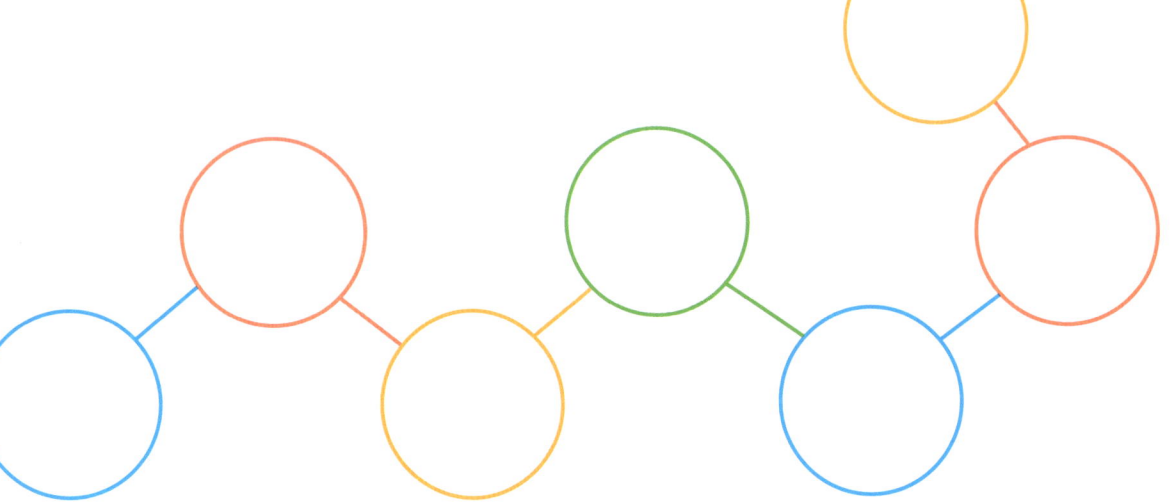

Desenho coletivo

– Você gosta de desenhar? E de histórias? Vamos ouvir uma?

 Escute a história que o professor contará e, com os colegas, faça um bonito desenho coletivo.

Picote e colagem

– Você gosta de adivinhas? Vamos ouvir uma?

Cole pedacinhos de papel rasgado sobre as asas do bichinho que representa a resposta da adivinha.

O que é, o que é?

Voa, voa pelo ar
É coberto de peninhas
Gosta muito de cantar.

Adivinha.

Ilustrações: Camila Godoy

Labirinto

– Você já viu um palhaço? Onde? O que o palhaço faz?

 Usando canetinha hidrocor, trace o caminho do palhaço até a bola.

– Hoje tem marmelada?
– Tem, sim, senhor!
– Hoje tem goiabada?
– Tem, sim, senhor!
– E o palhaço o que é?
– Amigo do Zé!

Chula de palhaço.

Carolina Sartório

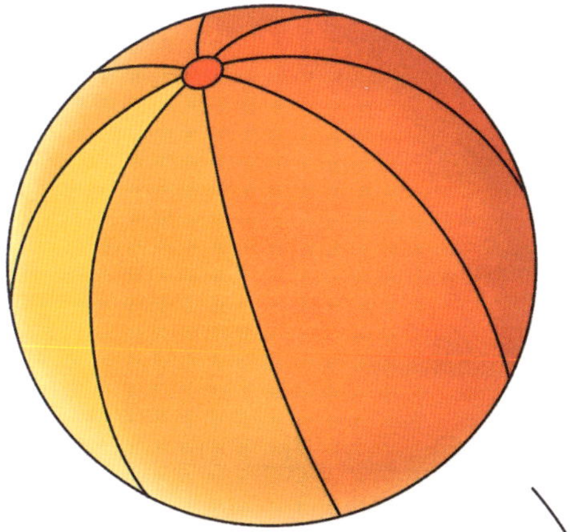

Expressões e sentimentos

– Você sabe fazer careta? E piscar um olho só?

Marque um **X** na criança que está brava. Depois, ao lado, desenhe a expressão que demonstra como você está se sentindo agora. Mostre seu desenho aos colegas e justifique sua resposta.

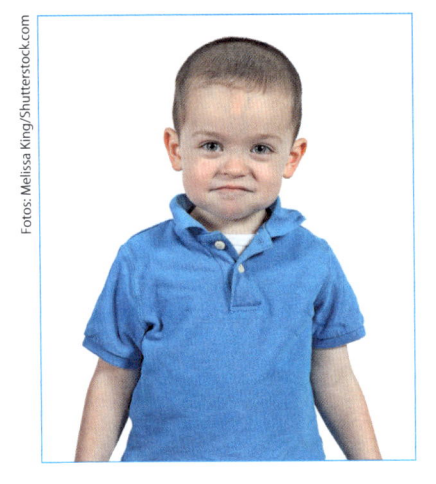

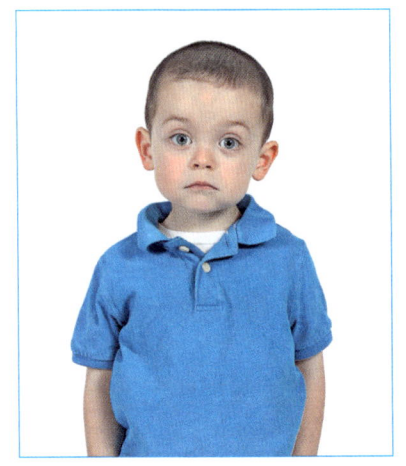

feliz

triste

zangado

Pontilhado

 Cubra o pontilhado que vai de banana em banana para levar o macaquinho até seu amigo.

**Meio-diaуй
Macaco assobia
Fazendo careta
Pra dona Maria.**

Parlenda.

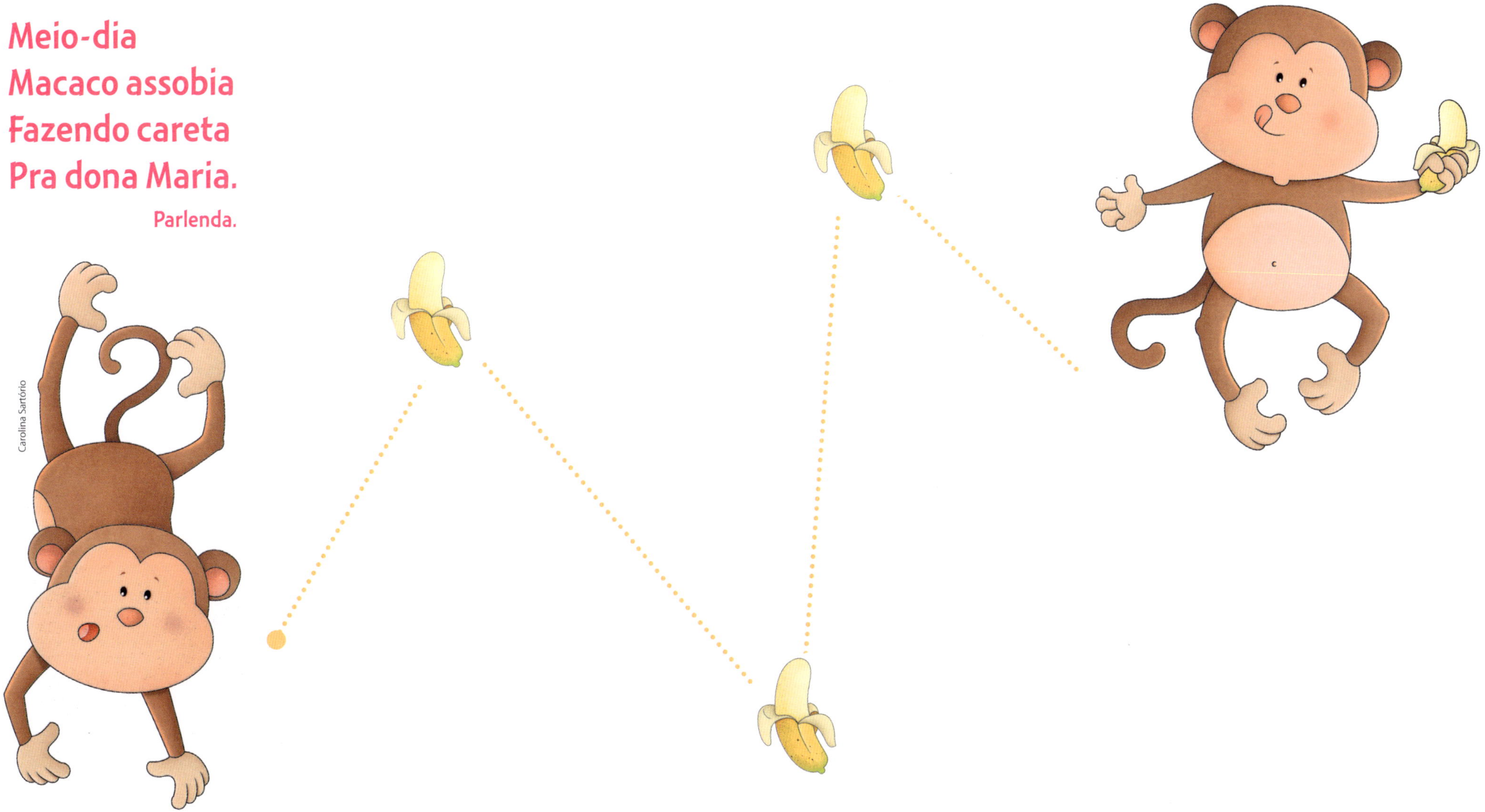

Picote e colagem

– O que você sabe sobre os cachorrinhos? O que eles gostam de fazer?

Acompanhe a leitura do professor e, em seguida, converse com os colegas sobre os cuidados que devemos ter com os animais. Depois, cole pedacinhos de papel rasgado sobre o caminho por onde o cãozinho passou.

De um banho luxuoso,
O cachorro faz questão.
Sai fofo e cheiroso,
Depois paga um dinheirão.

Rosângela Lima. **Banho de bicho.**
São Paulo: Cortez, 2013. p. 30.

Cores

Julinha está em uma festa de aniversário. Veja o que ela ganhou!

– Você já brincou com um balão assim?

– Qual é a cor do vestido da menina?

Molhe o dedo na tinta que tem a mesma cor do vestido da menina e pinte o balão dela.

– Qual é o nome da cor que você usou?

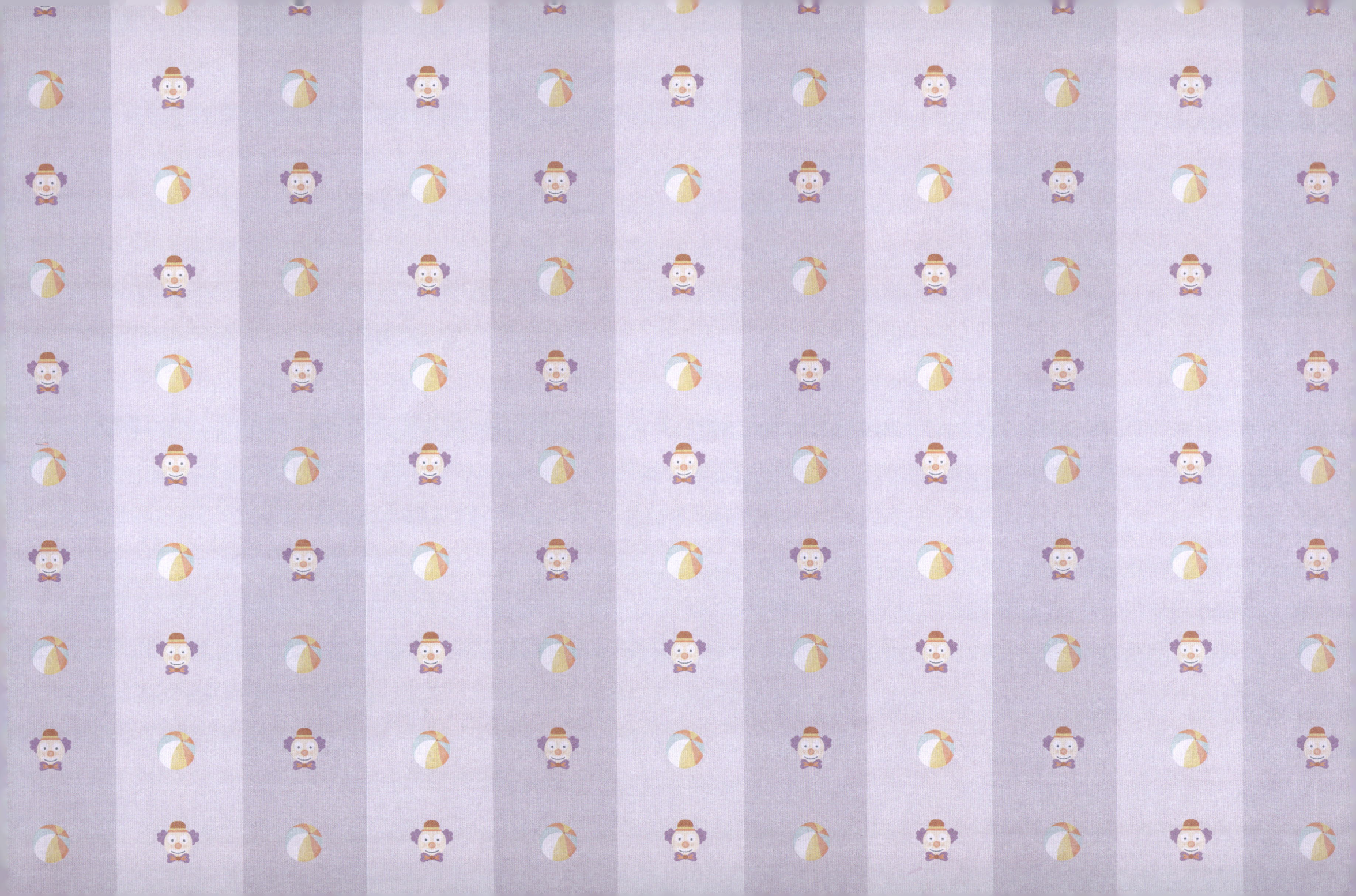

– **Você já viu um peixe de verdade? Onde?**

Ligue os peixinhos **azuis** usando giz de cera da mesma cor.

– Você sabe imitar o som que o sapo faz?

Cole pedacinhos de papel de seda **verde** no sapo.

**Libélula, por que você voa tão alto?
Porque sei, senhor sapo verde,
Que você me engole num salto!**

Meu primeiro livro de *pop-ups*: cores. Tradução: Jefferson Ferreira. Blumenau: Bicho Esperto, 2010. p. 3.

– Vamos recitar uma parlenda?

Ligue o macaco até a cadeira **amarela**. Depois, use giz de cera da mesma cor para pintar o macaco.

O macaco foi à feira
E não sabia o que comprar.
Comprou uma cadeira
Pra comadre se sentar.
A comadre se sentou,
A cadeira esborrachou!
Coitada da comadre,
Foi parar no corredor.

Parlenda.

Janete Trindade

Camila Godoy

Camila Godoy

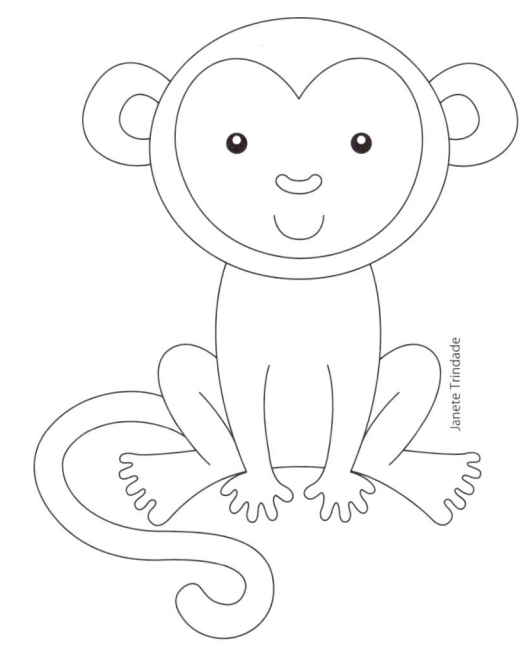

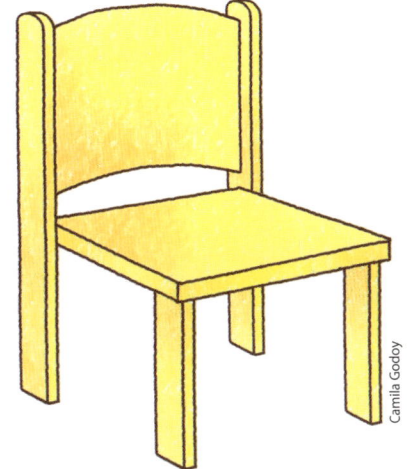

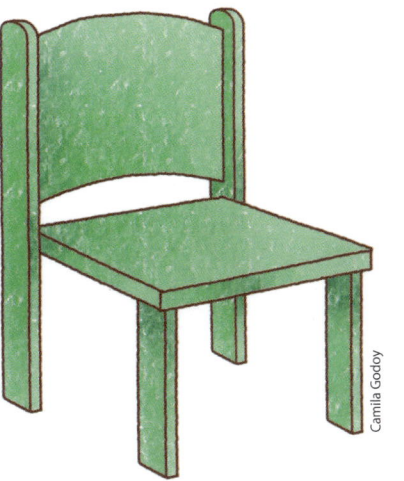

Atenção e memória visual
– Quem é Lia?

 Ouça as dicas que o professor lerá, descubra a quem se referem e circule a imagem certa.

1. Ela está sorrindo.

2. Seu vestido é amarelo.

Ilustrações: Lorena Kaz

Pontilhado

Cubra os pontilhados e pinte os ursinhos observando as cores indicadas.

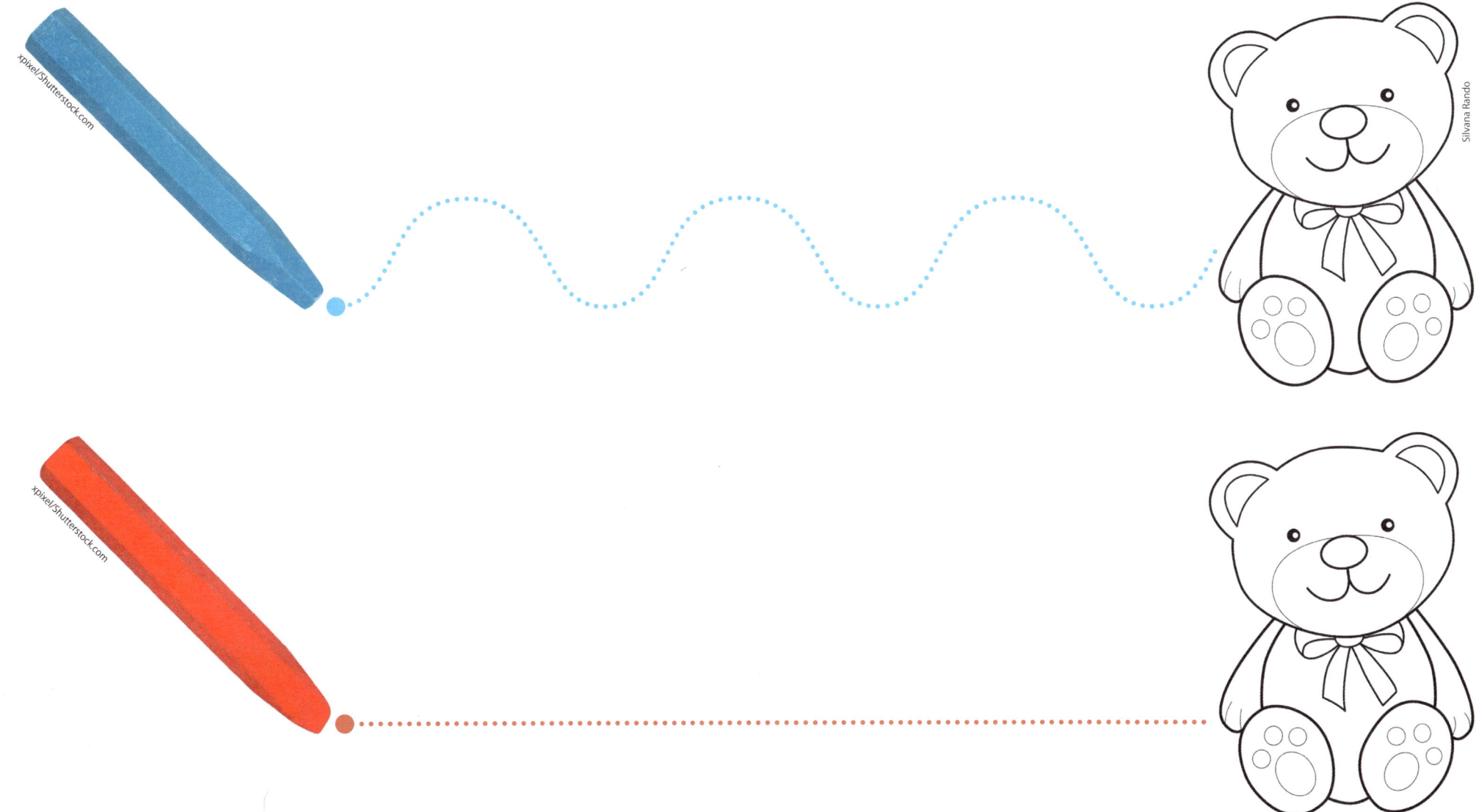

Análise e síntese

– Qual parte completa cada brinquedo?

 Descubra e ligue.

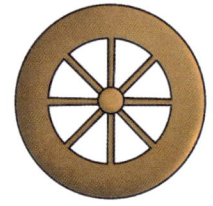

Atenção e memória auditiva

Escute a rima que o professor lerá. Depois, pinte somente o animalzinho que combina com ela.

**A girafa tem um grande pescoço,
ela adora folhas para o almoço.**

Roger Priddy. **Macaquinho e seus amigos.**
Curitiba: Libris, 2012. p. 3.

Ilustrações: Janete Trindade

Interpretação de cenas

Dona Cocó estava passeando com seus filhotes.

– Nossa! Por que os pintinhos se assustaram tanto?

– E agora? Se você fosse a galinha, o que faria?

Circule cada pintinho.

**– O que a galinha fez?
– Por que dona Cocó bicou o rabo do gato?**

 Faça um risco no animal que está defendendo seus filhotes.

Desenho criador

– Você conhece a brincadeira "morto-vivo"? Vamos brincar?

 Faça o desenho mostrando como foi a brincadeira com os colegas.

**Preste atenção:
ao ouvir o comando morto,
você deve se deitar.
Quando ouvir vivo,
deve ficar de pé.**

Vamos brincar?

Labirinto

- Você conhece este animal?
- Você sabia que os cangurus não andam nem correm, mas se locomovem pulando?

Observe a foto e converse com os colegas sobre este animal. Depois, acompanhe com o dedo indicador os saltos que o canguru deu. Em seguida, cubra-os com lápis de cor.

Nosso corpo

Cante e faça gestos com os colegas. Depois, ligue a formiguinha à parte do corpo citada neste trecho da cantiga.

**Fui ao mercado comprar café
Veio a formiguinha
E subiu no meu pé.
Eu sacudi, sacudi, sacudi,
Mas a formiguinha não parava de subir.**

Cantiga.

Alice vai à escola.
– Vamos ajudar Alice a se vestir?

Ligue cada peça do vestuário à parte correspondente do corpo da menina.

Hábitos de higiene

Desenhe mais água saindo do chuveiro. Depois, circule o que o menino usará para se enxugar.

**Chuá, chuá, chuá!
– Que banho gostoso acabei de tomar!**

– **O que cada criança está fazendo?**

Observe a cena e, com os colegas, invente uma história oral para ela. Depois, ligue cada criança ao objeto que ela está usando.

– **Para que servem os outros objetos?**

Orientação espacial

– Em sua opinião, quais brinquedos e objetos são de bebês? O que faz o bebê? Vamos imitar um bebê?

Pinte os brinquedos. Depois, molhe o dedo indicador na tinta e circule o brinquedo que está mais **perto** do bebê.

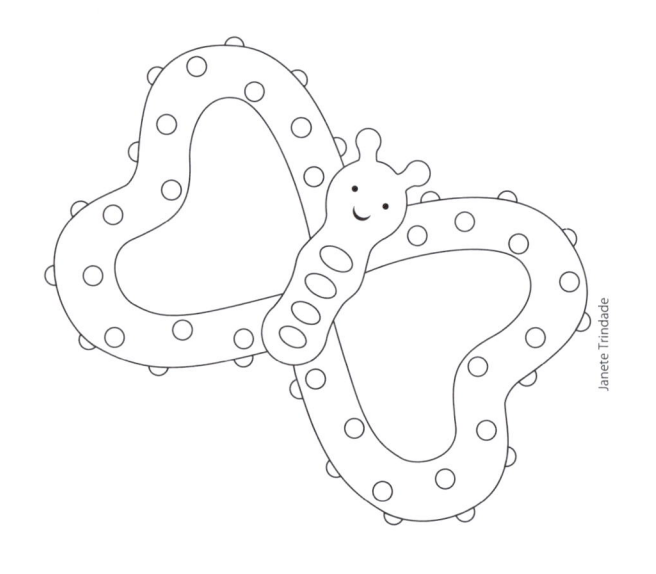

Pinte o carrinho e cubra o caminho que cada criança fará para chegar até ele. Depois, circule a criança que está mais **longe** do carrinho.

Tamanho

Cante com os colegas. Depois, cole pedacinhos de papel no carneiro **maior** e faça um risco no carneiro **menor**.

Carneirinho, carneirão

Carneirinho, carneirão, neirão, neirão
Olhai pro céu, olhai pro chão, pro chão, pro chão [...]

Cantiga.

Ouça a quadrinha que o professor lerá e observe as imagens. Circule a mamãe pata e marque um **/** nos patos **pequenos**.

A mamãe pata se refresca
Depois de sair do ninho.
Ela olha para os lados,
Em busca dos patinhos.

Hora de brincar. Tradução: Fabio Teixeira. São Paulo: Ciranda Cultural, 2018. p. 7.

Orientação espacial

– Veja estes coelhinhos! Qual deles você acha mais bonitinho?

– Vamos criar uma história com eles?

Observe as imagens e crie com os colegas uma bonita história oral. Depois, circule o bichinho que está **dentro** da cesta e faça um risco no que está **fora** da cesta.

Atenção e memória auditiva

– Você gosta de frutas? Qual é sua fruta preferida?

Escute a rima e, com o auxílio do professor, rasgue de revistas ou panfletos de supermercado a imagem da fruta que Ana quer comer. Depois, cole-a no quadro a seguir.

Ana quer banana.

– **Qual fruta Ana quer comer?**

Ligue a menina à resposta certa. Depois, pinte as frutas.

Orientação espacial

Daniel gosta de brincar no parquinho.
– Veja as imagens do menino brincando!

Pinte o quadrinho da imagem em que Daniel aparece **embaixo** do balanço.

Vitória está em cima do escorregador.
– Qual das meninas é Vitória?

- Descubra e pinte a resposta.
- Circule a menina que está **embaixo** do escorregador.

Semelhanças e diferenças

Ligue os brinquedos que são **iguais**.

Vruuum... Bi, bi!
– Você gostaria de brincar com estes carrinhos? Qual deles você escolheria?

Observe as imagens, descreva-as e converse com os colegas sobre o que você pode notar. Depois, cole pedacinhos de papel rasgado no carrinho **diferente**.

Altura

Pedro está construindo torres com os blocos.

– Você sabe construir torres também? O que fazemos para a torre ficar mais alta?

– Como você quer que seja sua torre: alta ou baixa?

Observe as torres e comente o que você vê. Depois, pinte a torre mais **alta** e faça um / na torre mais **baixa**.

Orientação temporal

– Observe a primeira cena. Onde está o pintinho? O que ele faz? Vamos dar um nome a ele?

– E na segunda cena, o que aconteceu? Onde está o pintinho?

– Você sabe como o pintinho pia?

Observe as cenas e crie uma história com os colegas e o professor. Depois, com giz de cera, circule a cena que mostra o início da história e faça um / na cena que mostra o final.

Quantidade

Oinc, oinc...

Este é o porquinho Popó! Ele está faminto.

– Qual das espigas você acha que ele vai escolher para comer? Por quê?

Pinte as espigas. Depois, ligue o porquinho à espiga que tem **muitos** grãos de milho e circule a espiga que tem **poucos** grãos.

Atenção e memória visual

– Você já conhece os personagens desta tirinha? Como é o nome deles? Como eles estão vestidos? Você gosta de se fantasiar também?

Pinte a ◯ da cena que você mais gostou.

Os animais

Pinte o cavalo.

Pocotó, pocotó, pocotó!
Galopa o cavalinho.
Crinas soltas ao vento,
Galopa pelo caminho.

Quadrinha.

– **Você já viu uma vaca de verdade? Você gosta de tomar leite de vaca?**

Circule a vaquinha e diga o nome do outro animalzinho que aparece nesta página.

Todos os dias, a vaca produz leite branquinho e gostoso.

Charles Reasoner. **Caudas da fazenda: um livro de caudas giratórias.** São Paulo: Ciranda Cultural, 2011. p. 5.

Beeeé!

Muuuú!

Atenção e memória visual

Observe a mamãe galinha e marque um **X** somente nos filhotes dela.

A galinha carijó
Bate as asas
Abre o bico
Pra cantar
Cocoricó!

Parlenda.

Figura-fundo

– Vamos imitar uma tartaruga andando bem devagarinho?

Agora, escute e aprenda a quadrinha. Depois, ligue a tartaruga à sombra dela.

Lá vem a tartaruga,
Devagar pelo caminho.
Plac, plac, plac, plac...
Como é lento o seu passinho!

Quadrinha.

A família

Circule os filhos deste casal.

Rebola pai,
Rebola mãe,
Rebola filha,
Eu também sou da família,
Também quero rebolar.

Cantiga.

**Não importa como as famílias são formadas.
O importante é existir amor, união e respeito.**

Leve Juninho até sua avó pintando as bolinhas com giz de cera.

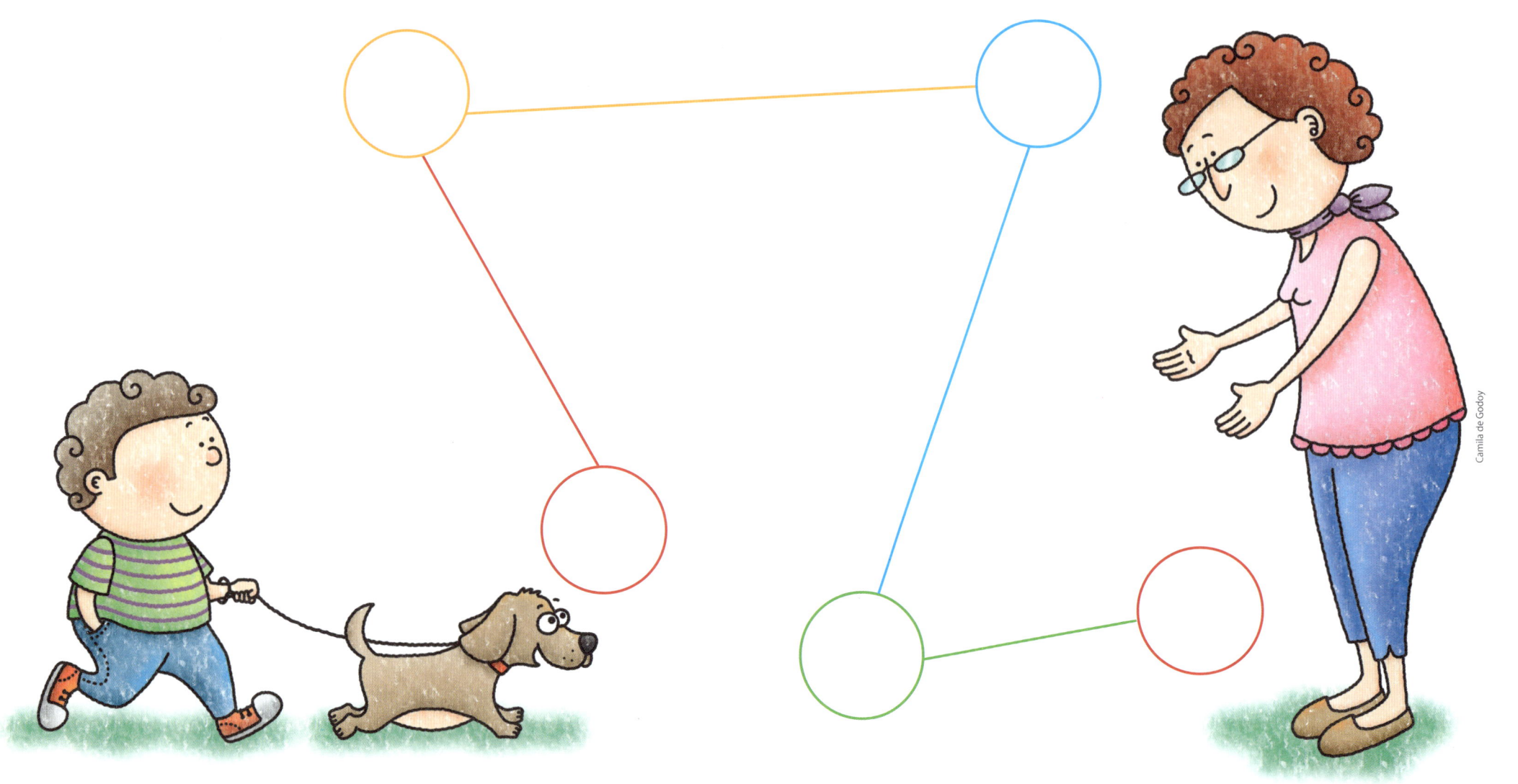

Algumas famílias são grandes. Outras, são pequenas.
– Como é sua família?

Pinte um boneco para cada pessoa que mora em sua casa e diga o nome dela.

As plantas

Cante com os colegas. Depois, com tinta a dedo, leve a menina até a plantinha seguindo o tracejado.

Alecrim dourado

Alecrim,
Alecrim dourado,
Que nasceu no campo
Sem ser semeado.

Cantiga.

– Há flores de muitos tipos e de muitas cores!

Ligue as flores que se repetem nesta página.

– **Vamos cantar? Vamos cantar alto, baixinho, grosso e fininho...**

Molhe o dedo na tinta e circule a fruta que aparece na cantiga. Depois, faça um **X** na fruta que você prefere entre as três.

Meu limão, meu limoeiro
Meu pé de jacarandá
Uma vez, esquindô lelê
Outra vez, esquindô lalá...

Cantiga.

A escola

Observe as crianças.

– Onde elas estão? Quem está com elas? E seu professor, como se chama? Seus colegas, quem são?

Marque a professora com uma O e, para cada criança, desenhe um I no quadro.

Maria e Davi estão na escola fazendo uma bonita pintura.

Observe as cenas e circule Maria e Davi. Depois, diga o nome dos materiais que eles estão usando.

– Como é sua sala? Ela tem mesas e cadeiras? Tem brinquedos também? Em que lugar os livros ficam? Onde você guarda a lancheira?

Observe a cena e faça um **X** nos objetos que também existem em sua sala.

– **Qual destes lanches você prefere?**

Pinte sua resposta.

Os amigos

Com giz de cera, leve os amigos até a caixa de brinquedos. Depois, pinte-a.

[...]
Dividir brinquedo é bom
Se é boa a companhia.
Multiplica a diversão.
Multiplica a alegria.

Evelyn Heine. Quer um pouquinho? *In*: Evelyn Heine. **Amizade**. Blumenau: Brasileitura, 2007. p. 4. (Coleção Poesias para Crianças).

Observe as cenas abaixo e diga o que as crianças estão fazendo em cada uma delas. Depois, faça um **X** sobre a cena que mostra o que não se deve fazer com um amigo.

O tempo
– Como está o tempo agora?

Olhe pela janela e observe o tempo. Depois, circule a imagem que mostra o que você observou.

A janelinha

A janelinha fecha [fechar os braços]
Quando está chovendo.
A janelinha abre [abrir os braços]
Se o Sol está aparecendo.

Fechou, abriu
Fechou, abriu, fechou.

Abriu, fechou
Abriu, fechou, abriu.

Cantiga.

🤡 Pinte de **amarelo** a bolinha da boneca que está vestida para um dia de calor.

Brrr... brrr...
– Você gosta quando faz frio? Por quê?

Ligue cada gorrinho ao par de luvinhas de mesma cor.

O dia

Pinte o que mais combina com esta cena: o Sol ou a Lua?

[...]
Bom dia, senhor Sol
O que faz o senhor no céu?
Amadureço a amora
Para as crianças desse mundaréu.

Boa noite, dona Lua. *In*: **Histórias e versos das estações do ano**. Tradução: Eduardo Brandão. São Paulo: Companhia das Letrinhas, 2011. p. 73.

Ilustrações: Camila Godoy

A noite
– O que você costuma fazer antes de dormir?

Com giz de cera, pinte somente a estrela da cena que mostra o que você faz durante a noite.

A lua vem aparecendo
Com as estrelas a seu lado.
A Lua diz às estrelas
Que Daniel é um menino educado.

Quadrinha.

Traçando as vogais

– Vamos brincar com a letrinha a?

Rasgue pedacinhos de papel colorido e cole-os sobre a vogal a. Comece pelo ponto.

avião

Cubra o tracejado da vogal a. Depois, pinte somente os aviõezinhos em que ela aparece.

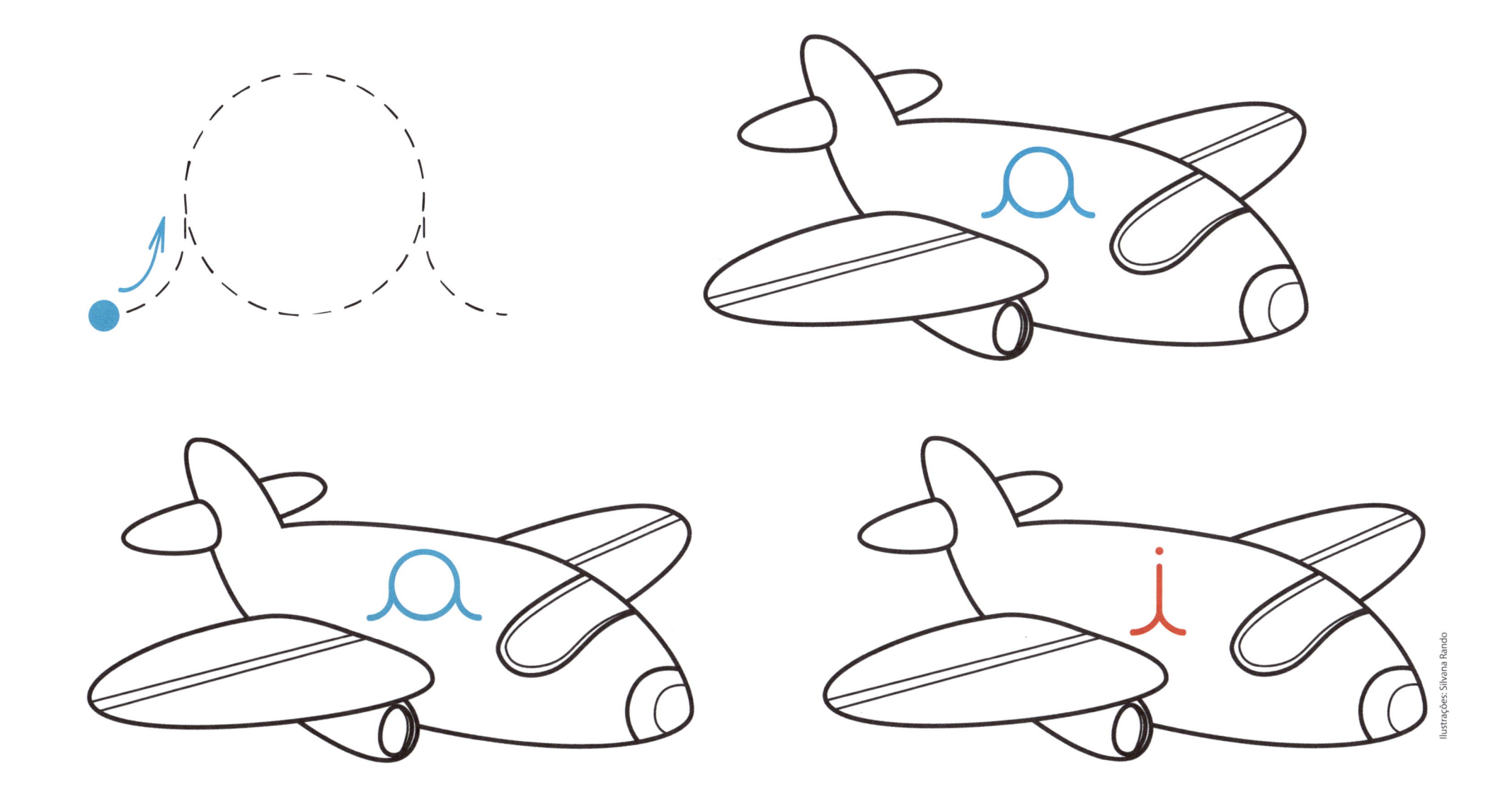

– **Vamos brincar com a letrinha e?**

Rasgue pedacinhos de papel colorido e cole-os sobre a vogal e. Comece pelo ponto.

escova

Cubra o tracejado da vogal *e*. Depois, pinte somente os elefantinhos em que ela aparece.

– **Vamos brincar com a letrinha i?**

Rasgue pedacinhos de papel colorido e cole-os sobre a vogal i. Comece pelo ponto.

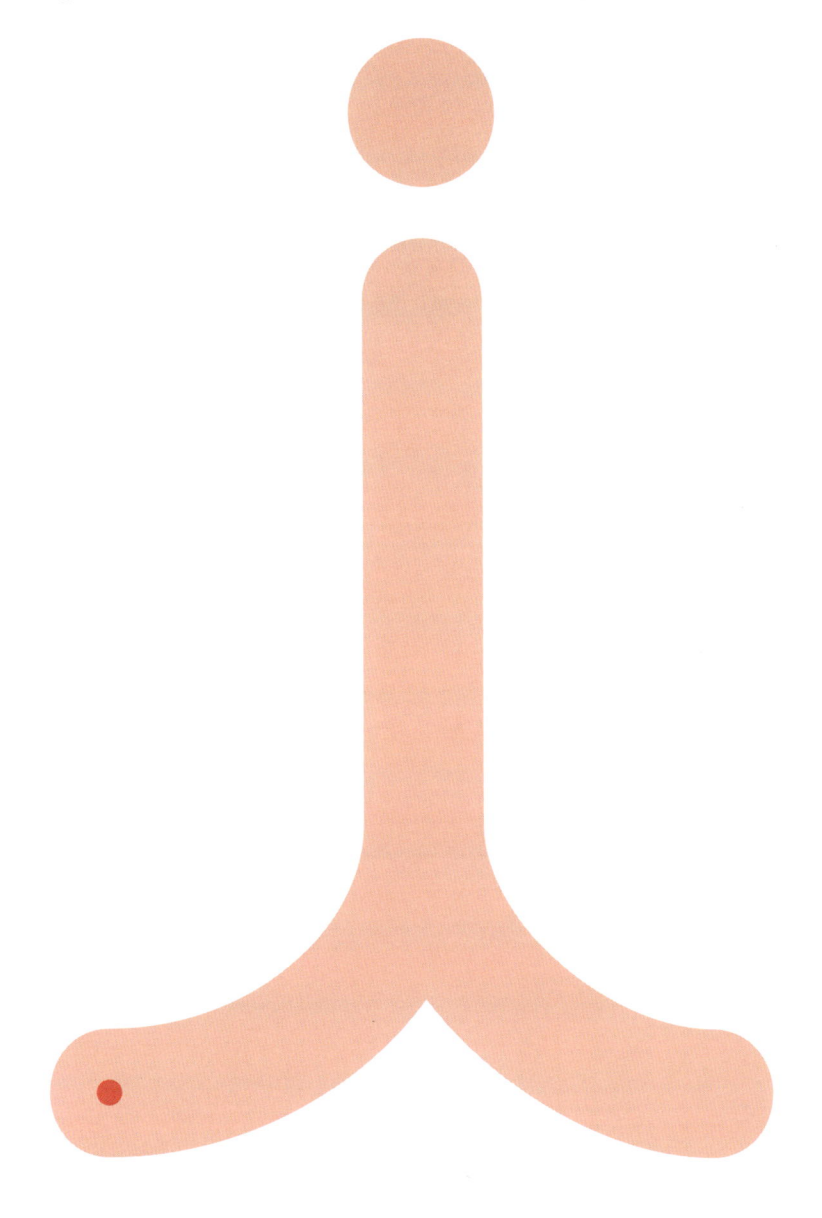

ioiô

Cubra o tracejado da vogal i. Depois, pinte somente os potinhos de iogurte em que ela aparece.

– Vamos brincar com a letrinha o?

Rasgue pedacinhos de papel colorido e cole-os sobre a vogal o. Comece pelo ponto.

82

🤡 Cubra o tracejado da vogal O. Depois, pinte somente as ovelhinhas em que ela aparece.

– **Vamos brincar com a letrinha *u*?**

Rasgue pedacinhos de papel colorido e cole-os sobre a vogal *u*. Comece pelo ponto.

urubu

Cubra o tracejado da vogal u. Depois, pinte somente os ursinhos em que ela aparece.

Traçando os números
— Quantos palhacinhos?

Aponte com o dedo para contar. Depois, pinte de **azul** o número 1, começando pelo ponto colorido.

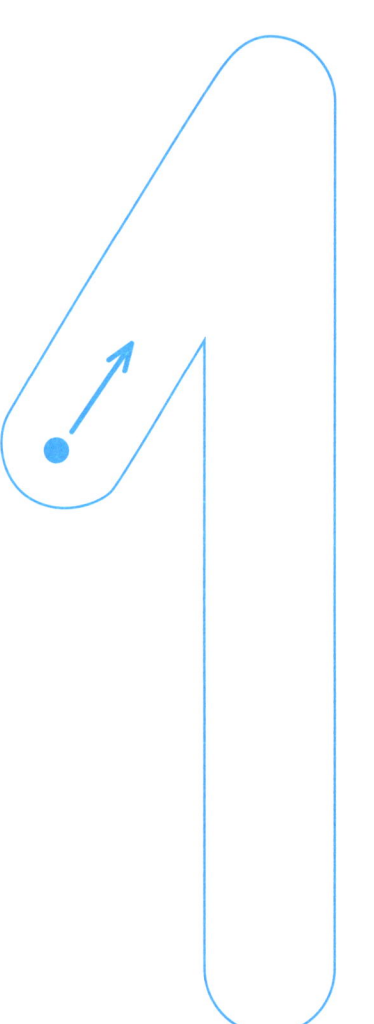

– Quer ver um palhaço ficar feliz? Ponha uma bola no seu nariz!

Desenhe uma bola no nariz do palhaço. Depois, circule os números 1.

2

1

1

– **Quantos trenzinhos?**

Aponte com o dedo para contar. Depois, pinte de **verde** o número 2, começando pelo ponto colorido.

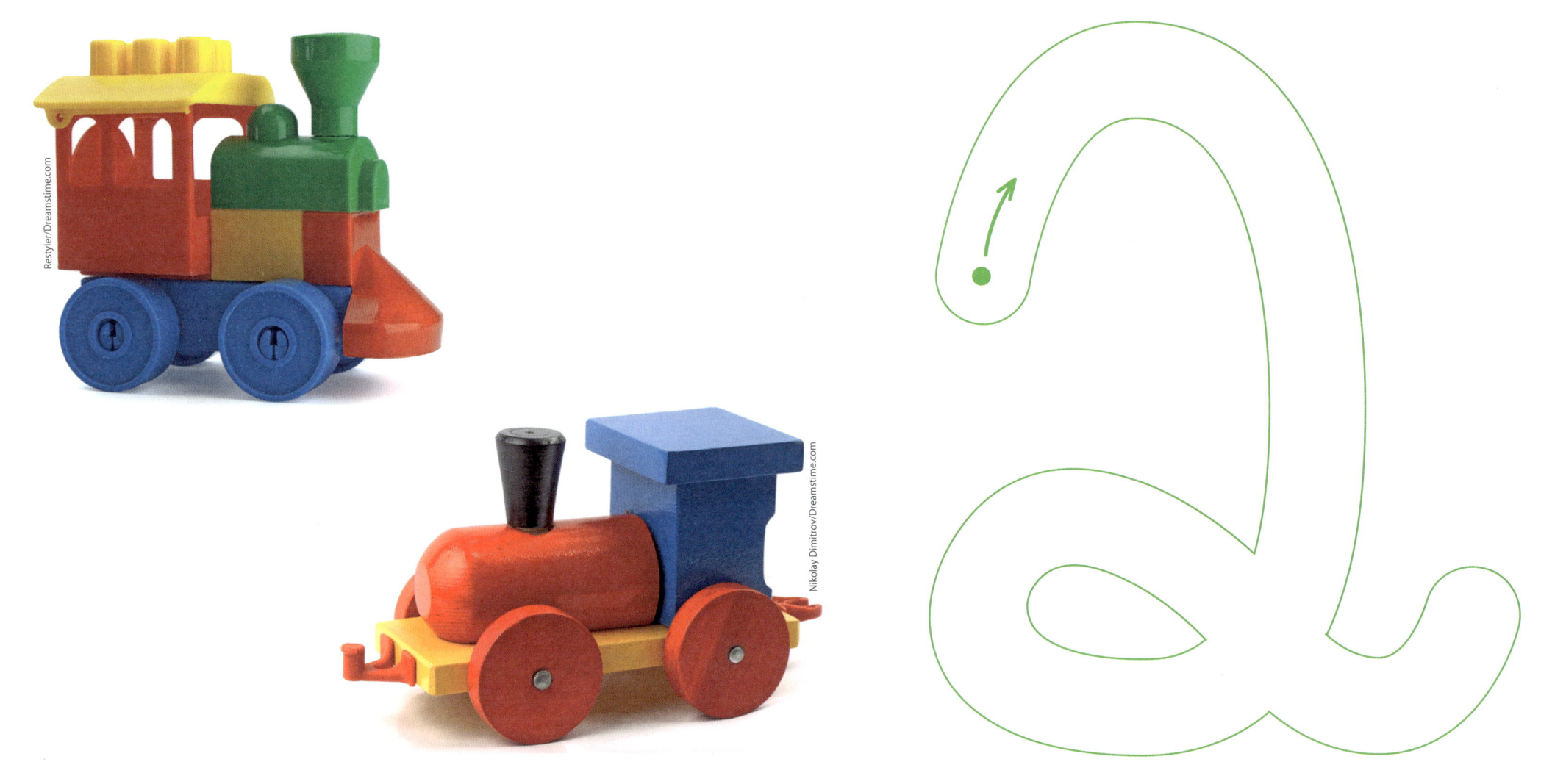

– Quantos pintinhos estão ciscando atrás de minhocas?

Desenhe uma minhoca para cada pintinho e conte-as. Depois, faça um / nos números 2.

2

2

1

89

– **Quantas bolas?**

Aponte com o dedo para contar. Depois, pinte de **vermelho** o número 3, começando pelo ponto colorido.

– Quantos caminhõezinhos para brincar?

Desenhe uma mala na caçamba de cada caminhãozinho e conte quantas tem no total. Depois, sublinhe os números 3.

3   3

2   3

– **Quantos barquinhos?**

Aponte com o dedo para contar. Depois, pinte de **amarelo** o número 4, começando pelo ponto colorido.

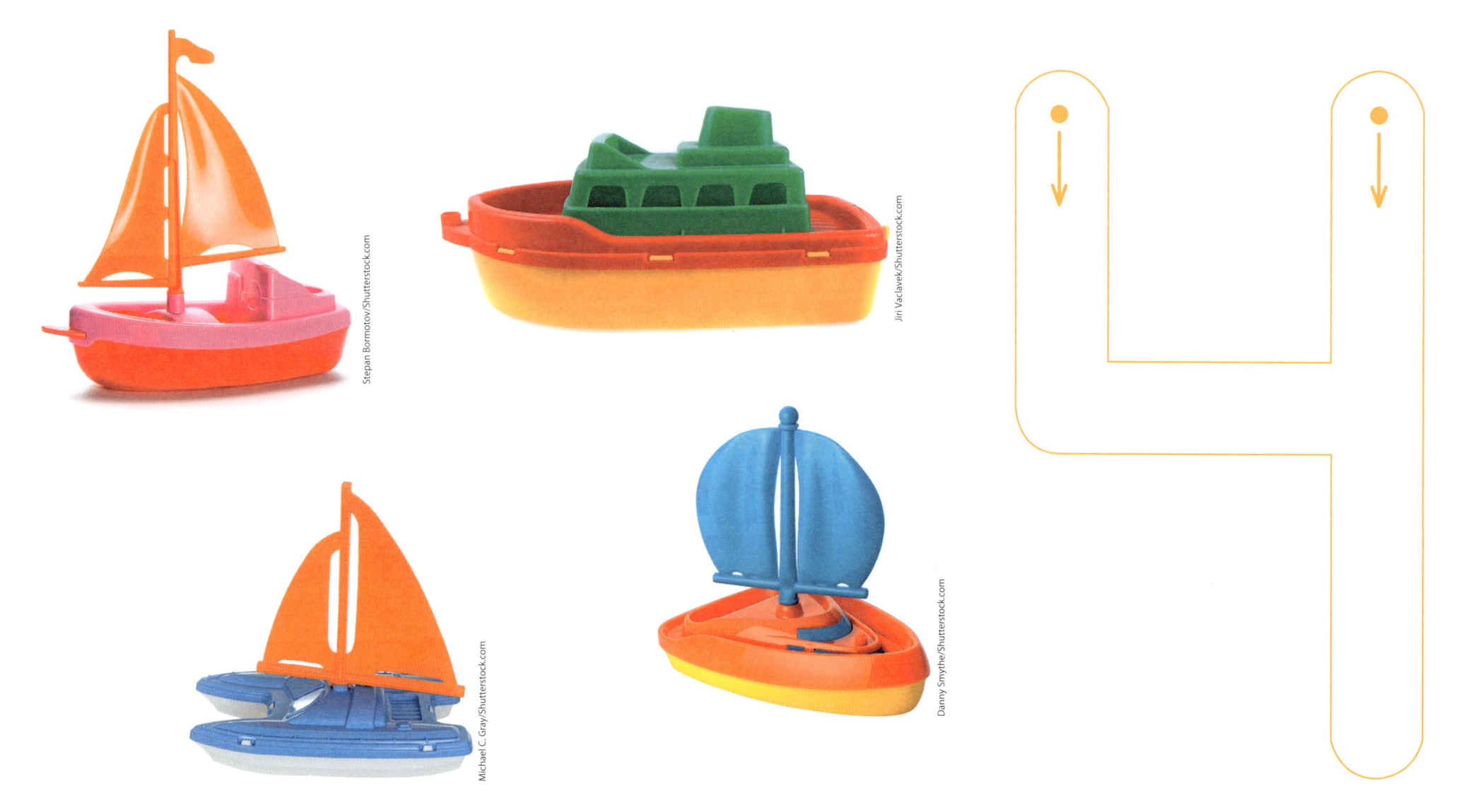

– Quantos picolés?

Desenhe um palito para cada picolé e conte-os. Depois, circule os números 4.

4

2

4

4

– **Quantos cachorrinhos?**

Aponte com o dedo para contar. Depois, pinte de **roxo** o número 5, começando pelo ponto colorido.

– **Quantos coelhinhos espertos?**

Desenhe uma cenoura para cada coelhinho. Depois, pinte os números 5.

Datas comemorativas

Carnaval

**O Carnaval é uma festa popular. Muitas pessoas participam dela.
– Você gosta de Carnaval?**

Cole lantejoulas ou papel laminado na roupa do Rei Momo.

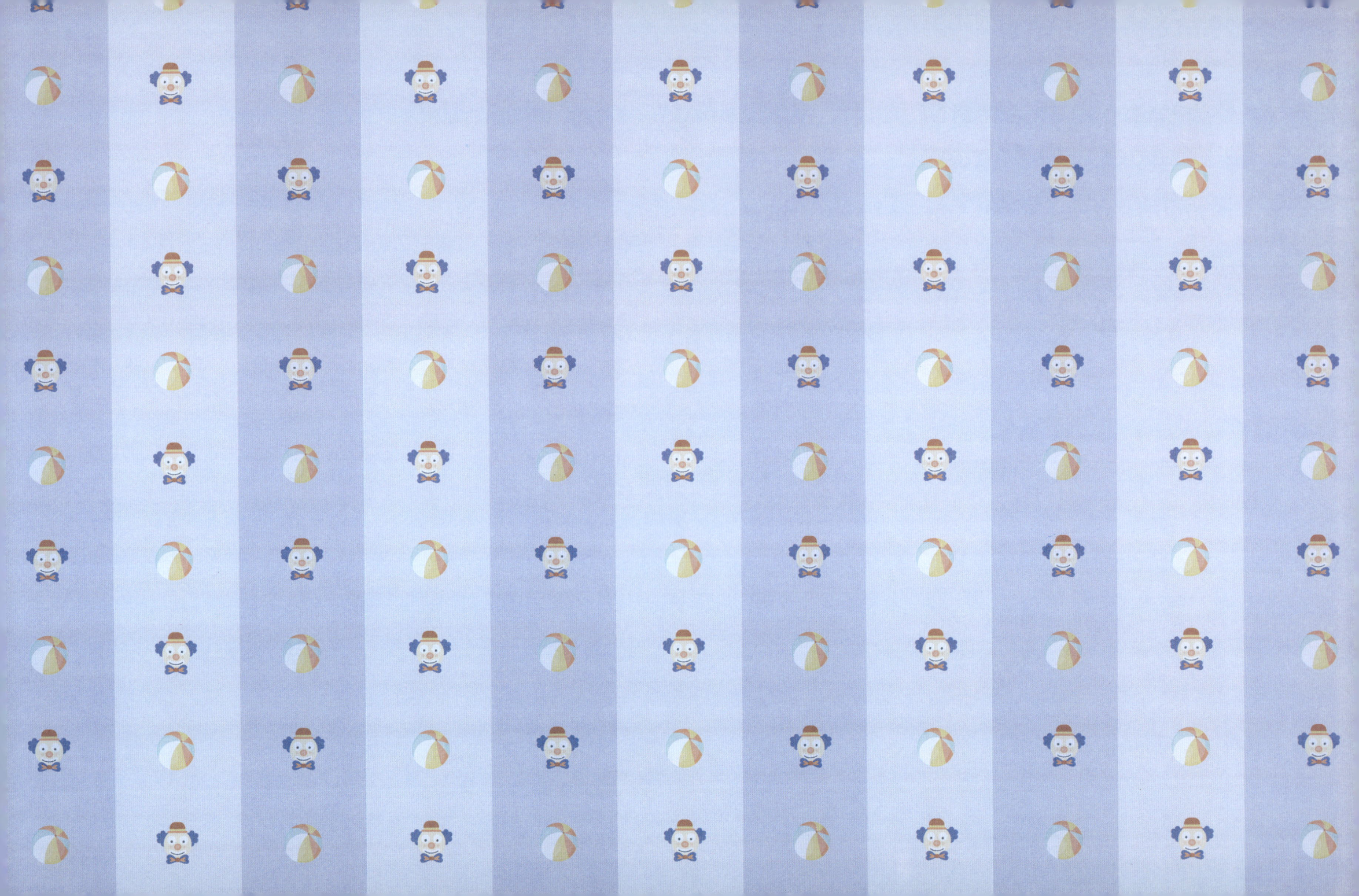

Páscoa

– Você conhece alguma música que fale de coelhinho? Qual?

Pinte o ovo de Páscoa bem bonito e, com a ajuda do professor, cole uma foto sua no rosto do coelhinho.

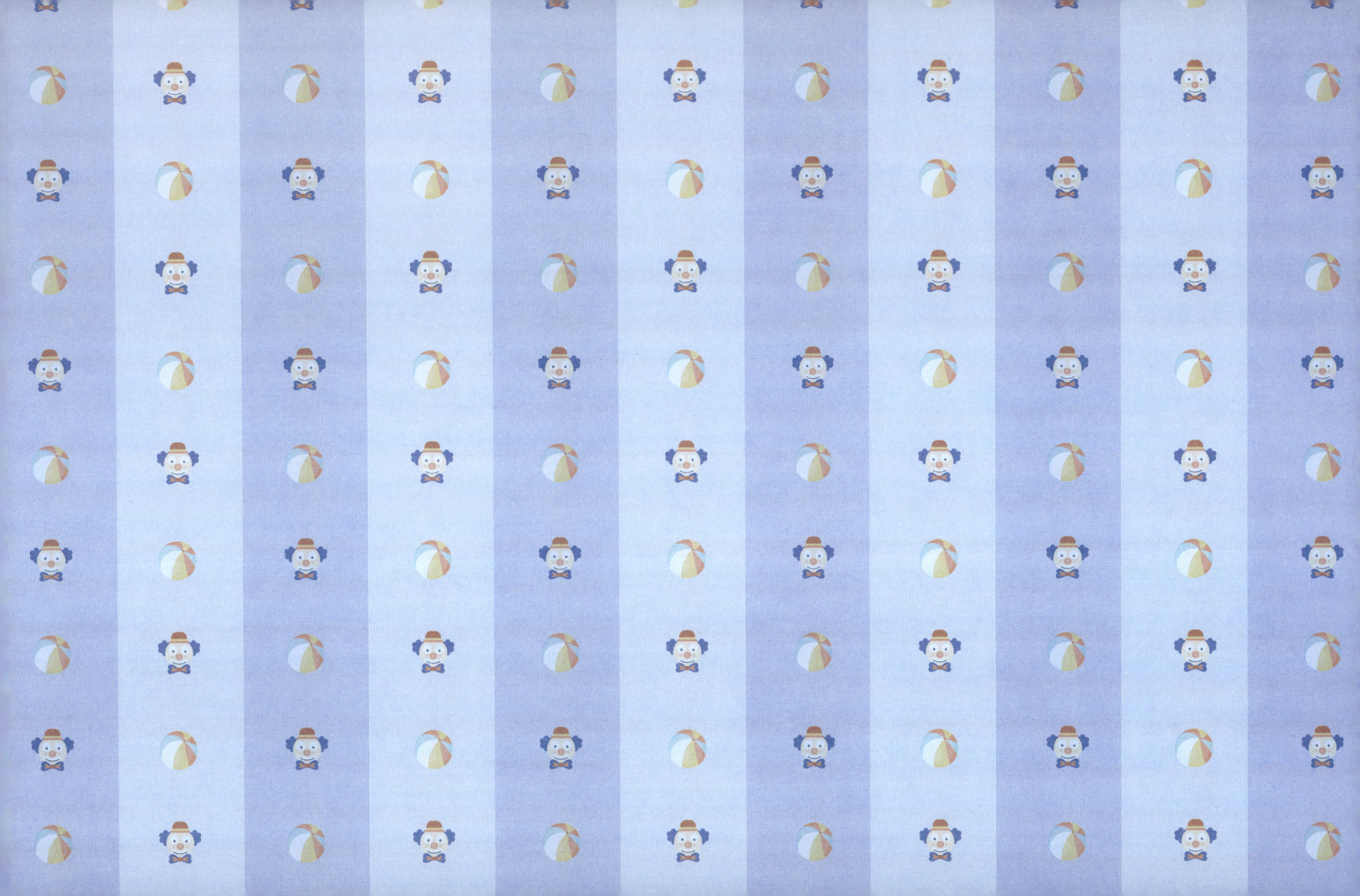

Dia Nacional do Livro Infantil – 18 de abril

Essa data é uma homenagem a Monteiro Lobato, escritor brasileiro que criou personagens como a boneca Emília e o Visconde de Sabugosa.

Com a ajuda do professor, recorte a boneca Emília. Depois, cole-a em um canudo feito de jornal.

Modelo:

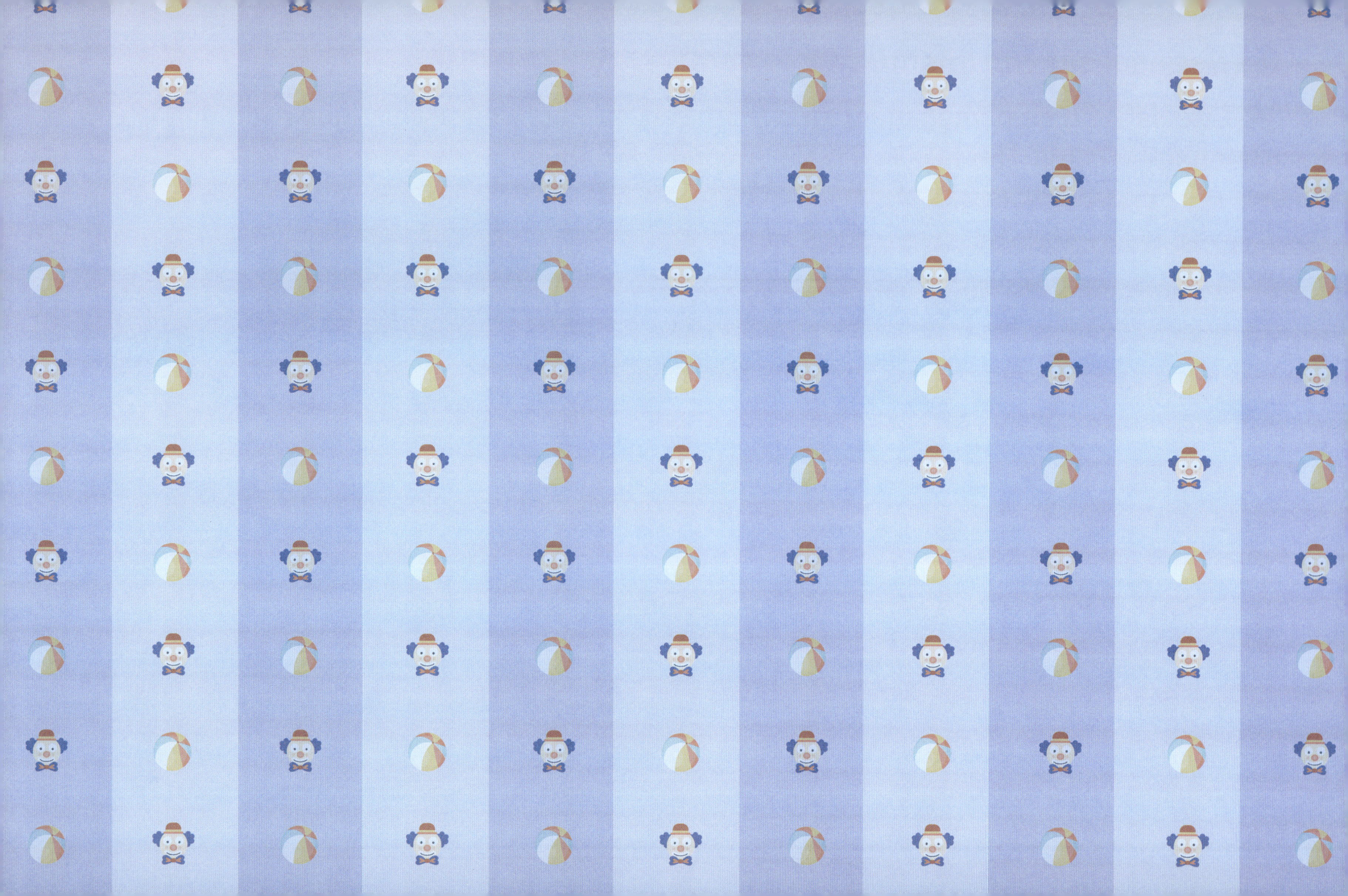

Dia do Amigo – 18 de abril

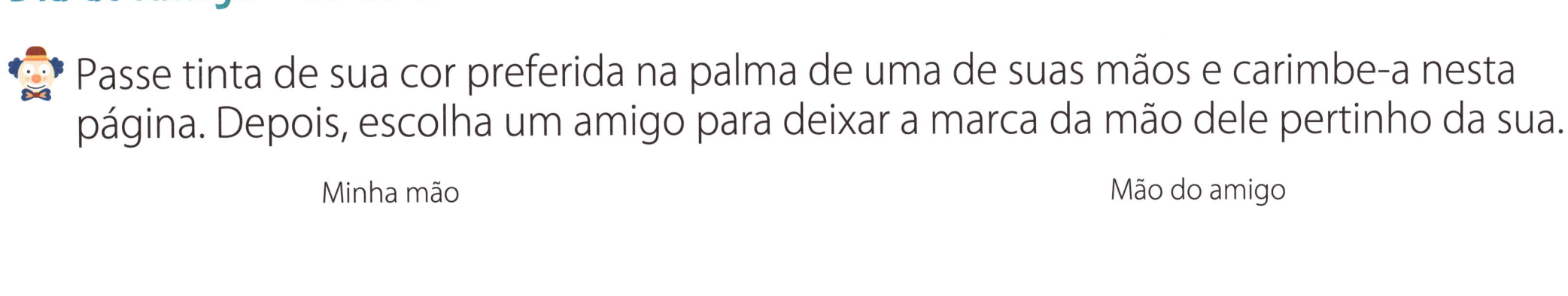

Passe tinta de sua cor preferida na palma de uma de suas mãos e carimbe-a nesta página. Depois, escolha um amigo para deixar a marca da mão dele pertinho da sua.

Minha mão

Mão do amigo

Meu nome

Nome do amigo

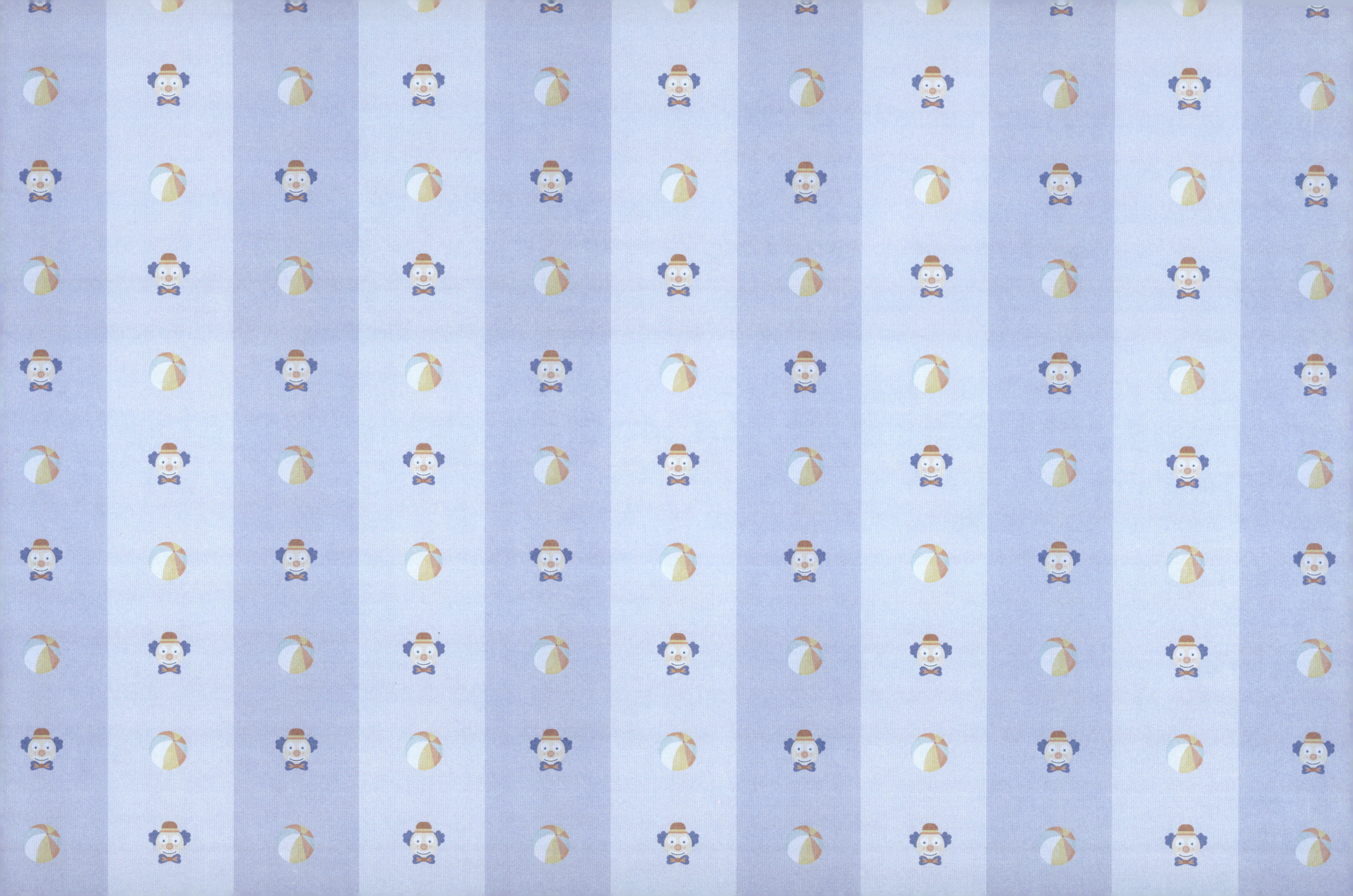

Dia do Índio – 19 de abril

Os índios foram os primeiros habitantes do Brasil.

Recorte o rosto do indiozinho seguindo o tracejado. Depois, amarre um barbante nele e brinque com os colegas.

Modelo:

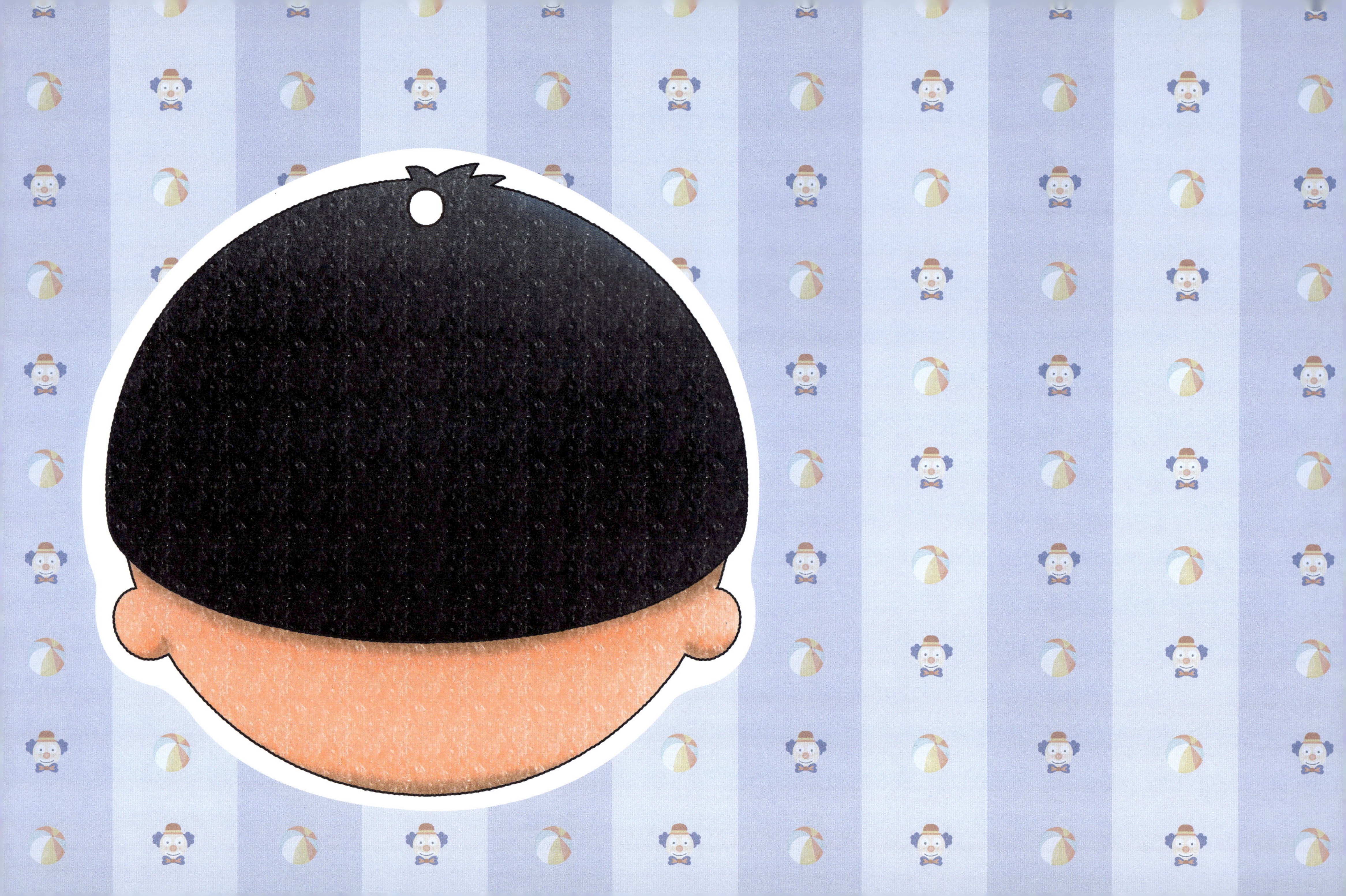

Dia das Mães – 2º domingo de maio

Pinte a palma de sua mão com tinta e carimbe-a nesta página para virar uma flor. Ofereça-a à mamãe (ou à pessoa que cuida de você).

Esta flor é para a dona de todo o meu amor.

_____

_____

_____

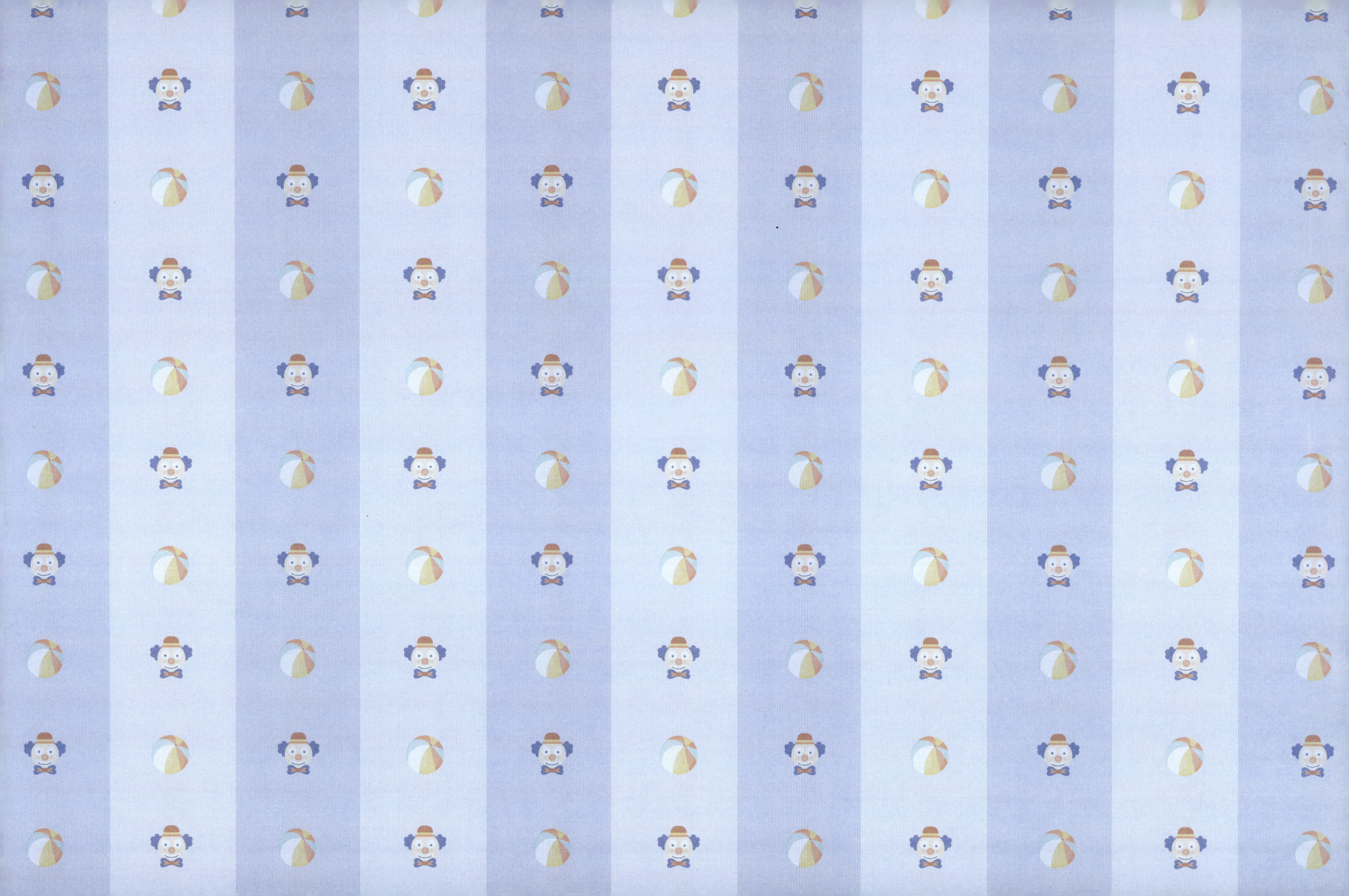

Festas Juninas – Mês de junho

– **Vamos aprender uma receita de pipoca para as Festas Juninas?**

Acompanhe a leitura do professor e cole uma lantejoula no quadro ao lado de cada ingrediente da receita.

Ingredientes:

- 1 xícara de milho para pipoca;
- 4 colheres de sopa de óleo;
- sal a gosto.

Modo de preparo

1. Coloque o óleo em uma panela e leve-a ao fogo.
2. Em seguida, acrescente o milho e tampe.
3. Logo que o milho começar a estourar, balance a panela para as pipocas não queimarem.
4. Depois que todas estourarem, coloque sal a gosto.

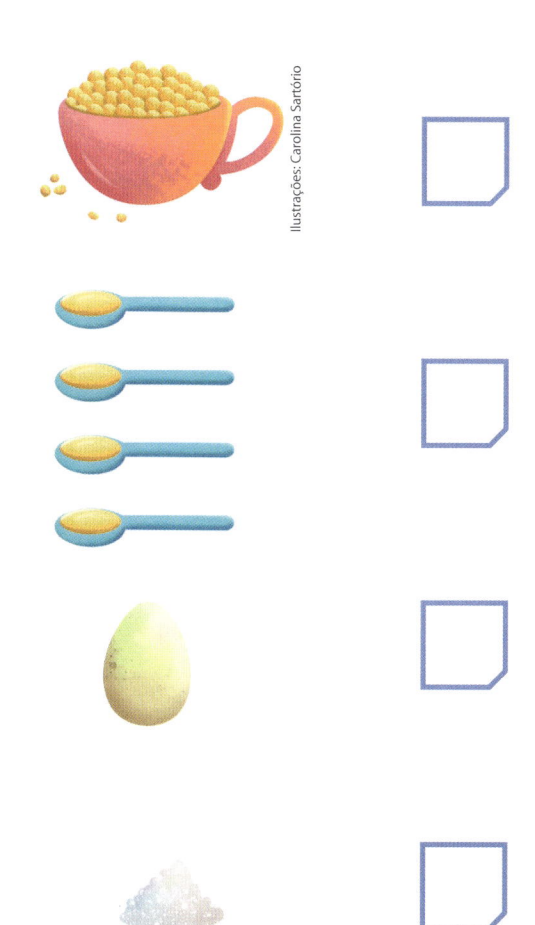

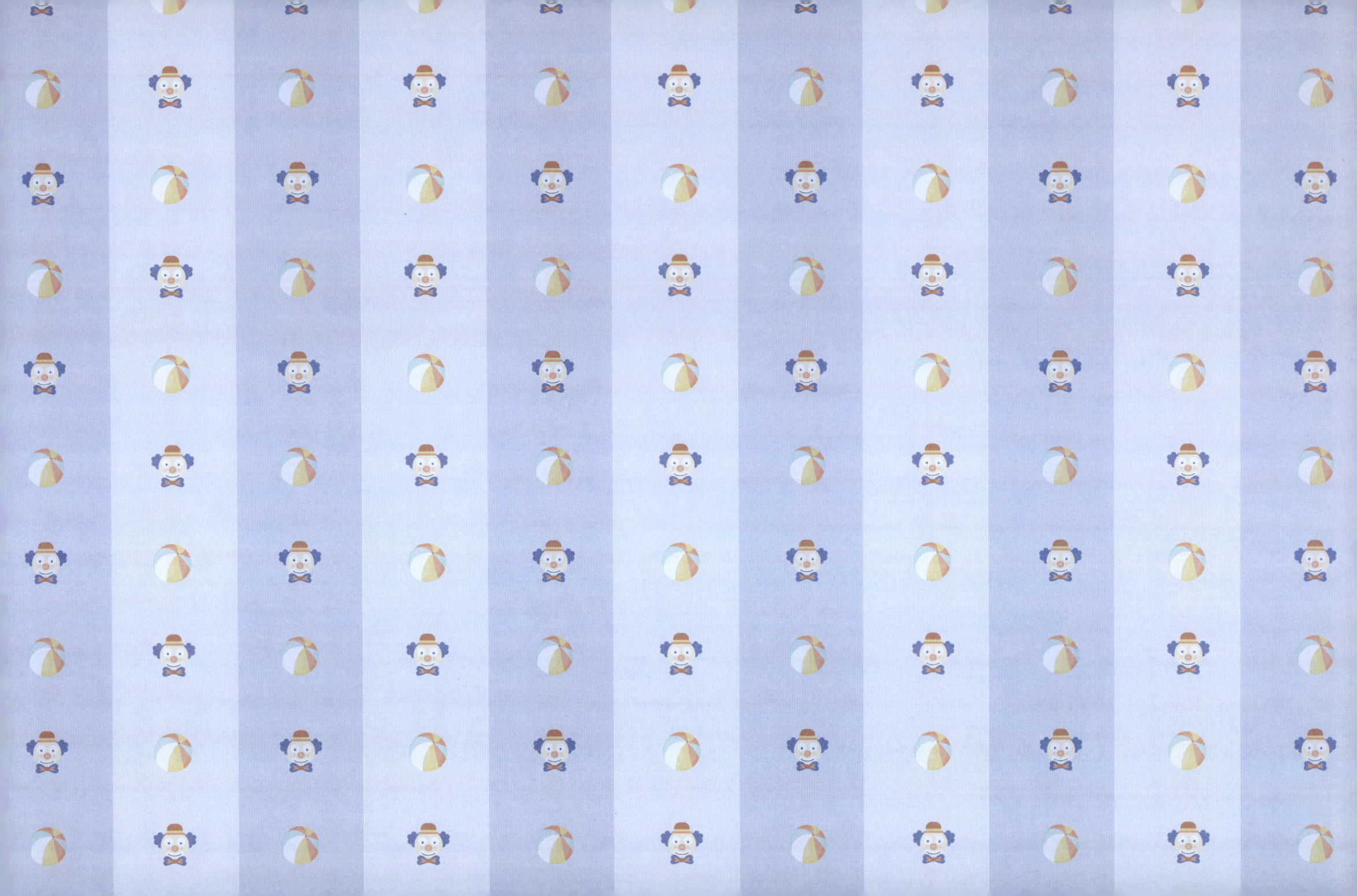

Agora, faça bolinhas de papel crepom branco e cole-as na tigela para representar as pipocas que você preparou. Ao final, mostre seu desenho aos colegas e ao professor.

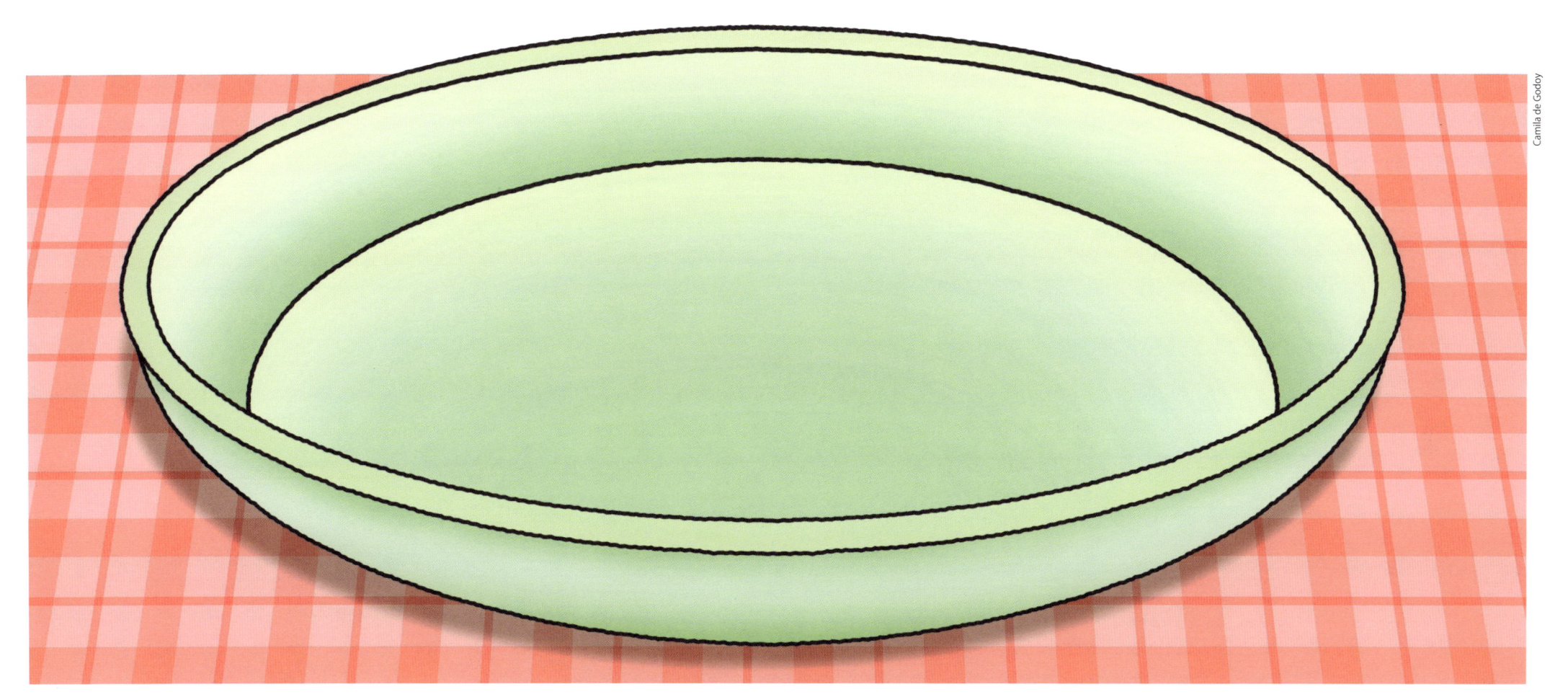

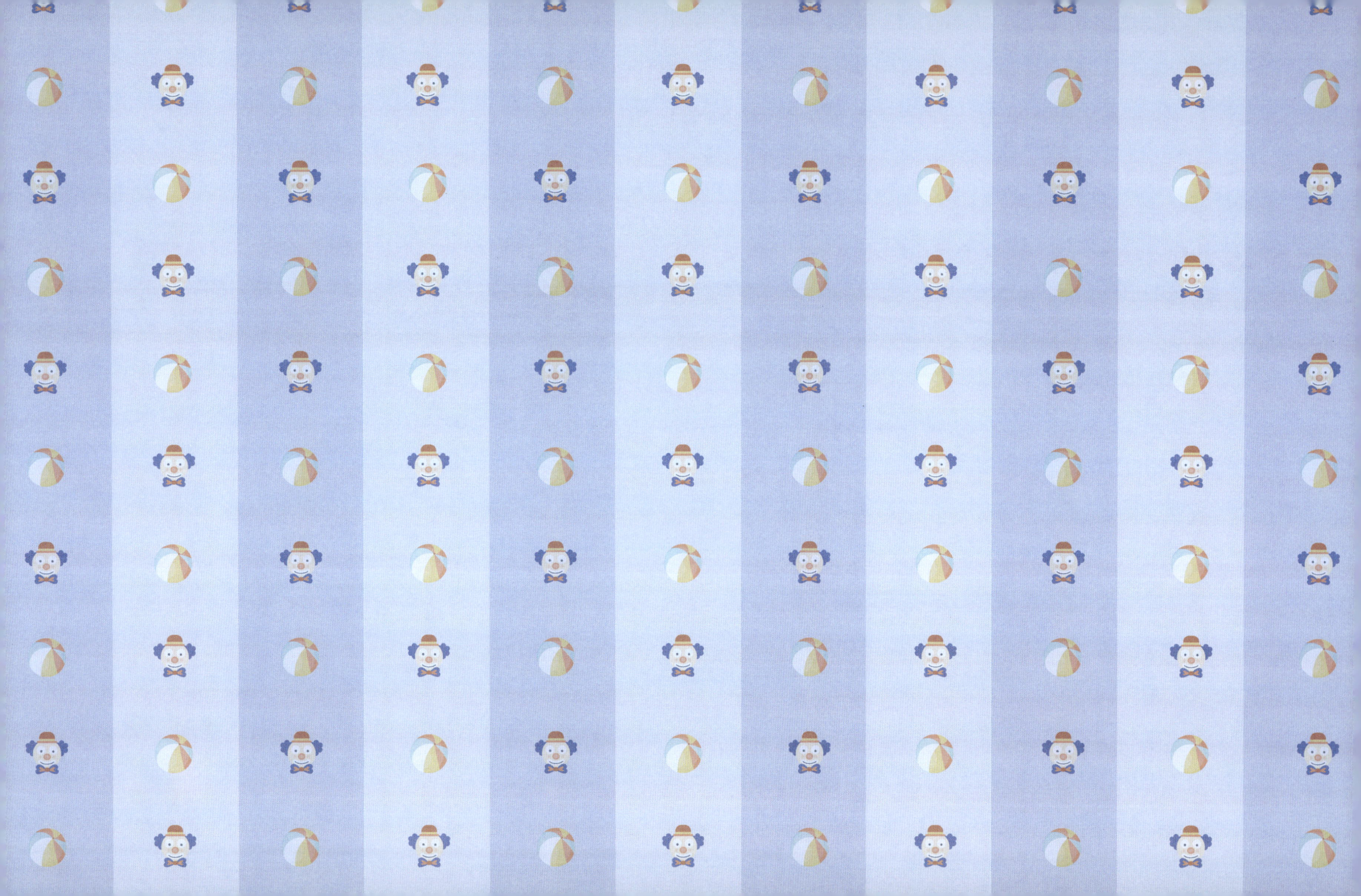

Dia dos Pais – 2º domingo de agosto

– Como é o nome de seu papai (ou da pessoa que cuida de você)? O que vocês gostam de fazer juntos?

🤡 Enfeite a gravata do papai ao lado colando pedacinhos de TNT ou tecido.

Meu papai querido,
Vou lhe dizer baixinho:
Quero te dar um abraço
Cheio de amor e carinho.

Texto escrito especialmente para esta obra.

_____
_____
_____

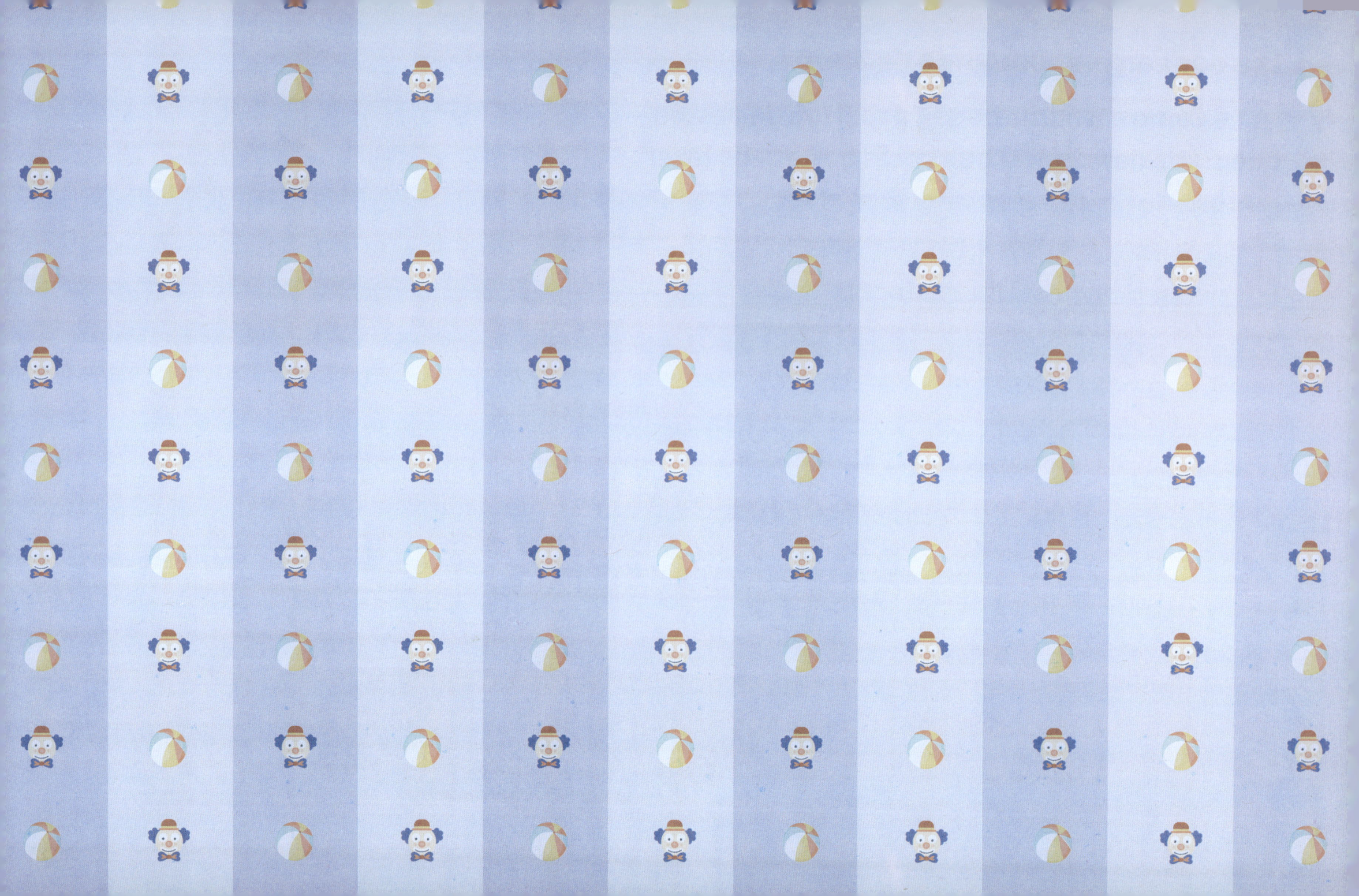

Dia do Folclore – 22 de agosto

O folclore tem danças, histórias, adivinhações e muitas outras coisas.

O Saci é uma lenda de nosso folclore.

Use cola colorida **vermelha** para pintar a carapuça do Saci.

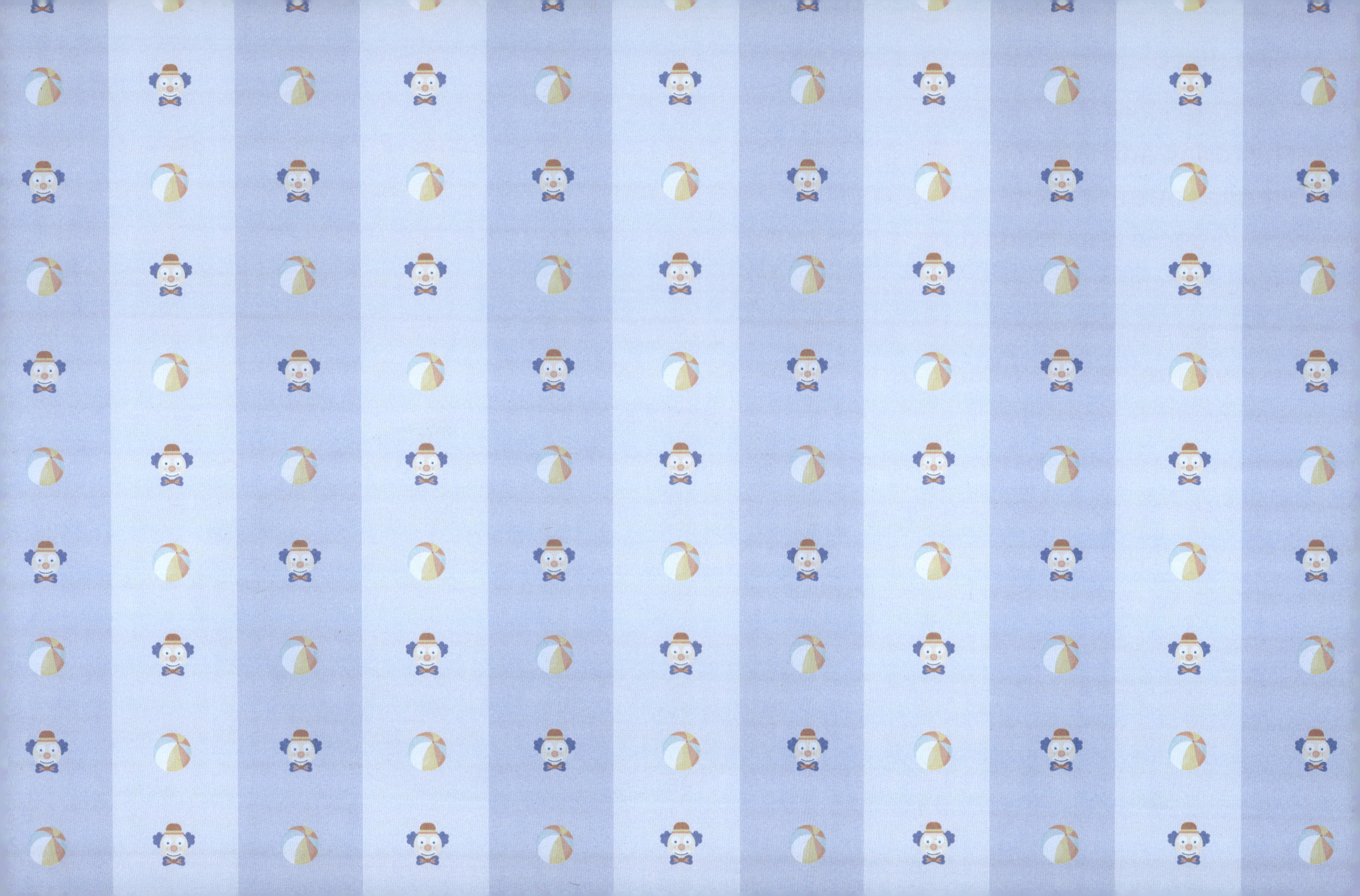

Dia Mundial dos Animais – 4 de outubro

Molhe um cotonete em tinta preta e faça mais manchinhas na onça-pintada.

Onça-pintada
Quem foi que te pintou?
Foi uma velhinha
Que por aqui passou.

Cantiga.

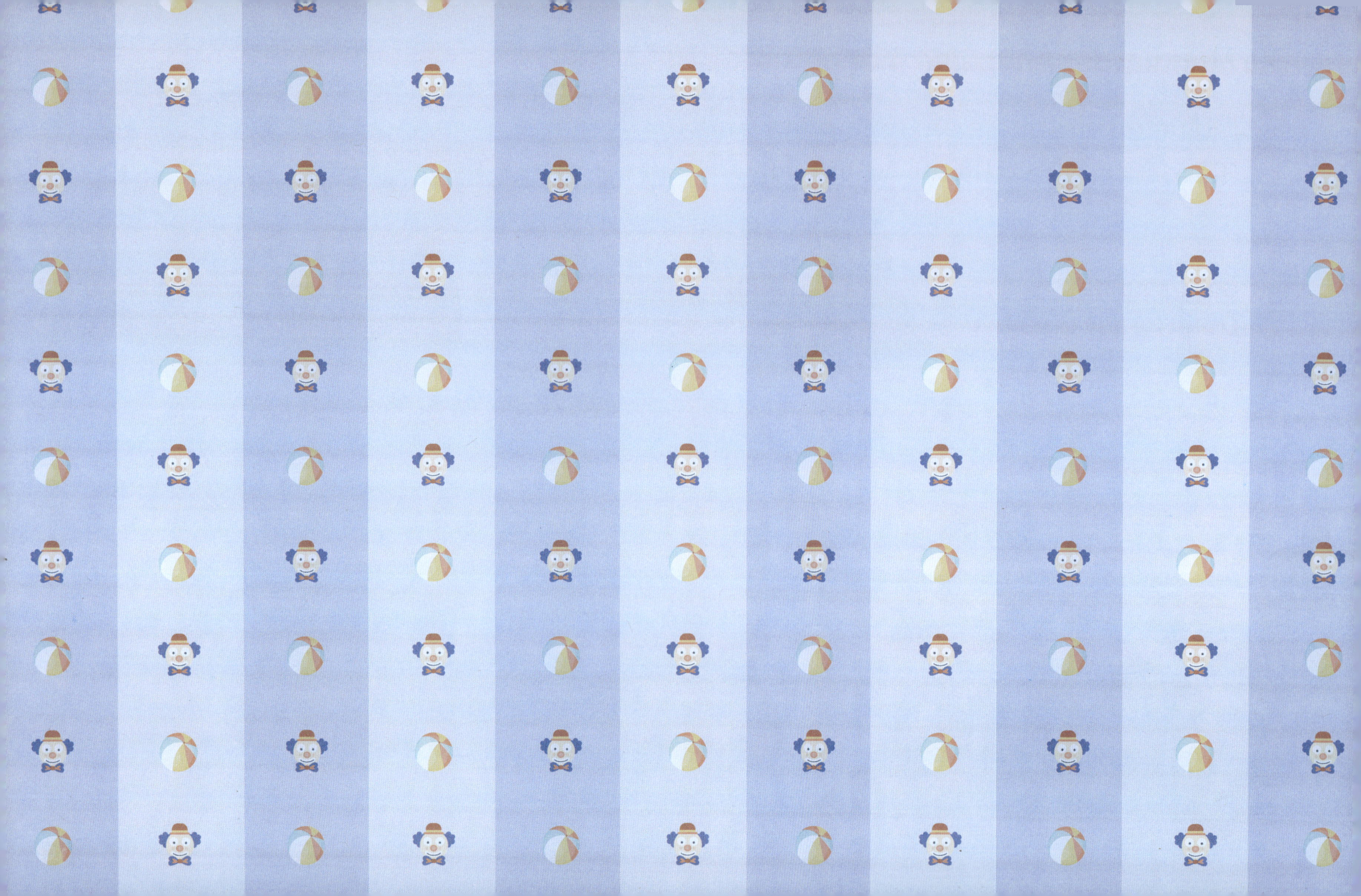

Dia da Criança – 12 de outubro

– Vamos cantar?

Encontre o chocalhinho e enfeite-o colando pedacinhos de EVA.

**Foi na loja do Mestre André
Que eu comprei um chocalhinho.
Chi, chi, chi um chocalhinho,
Chi, chi, chi um chocalhinho.**

Cantiga.

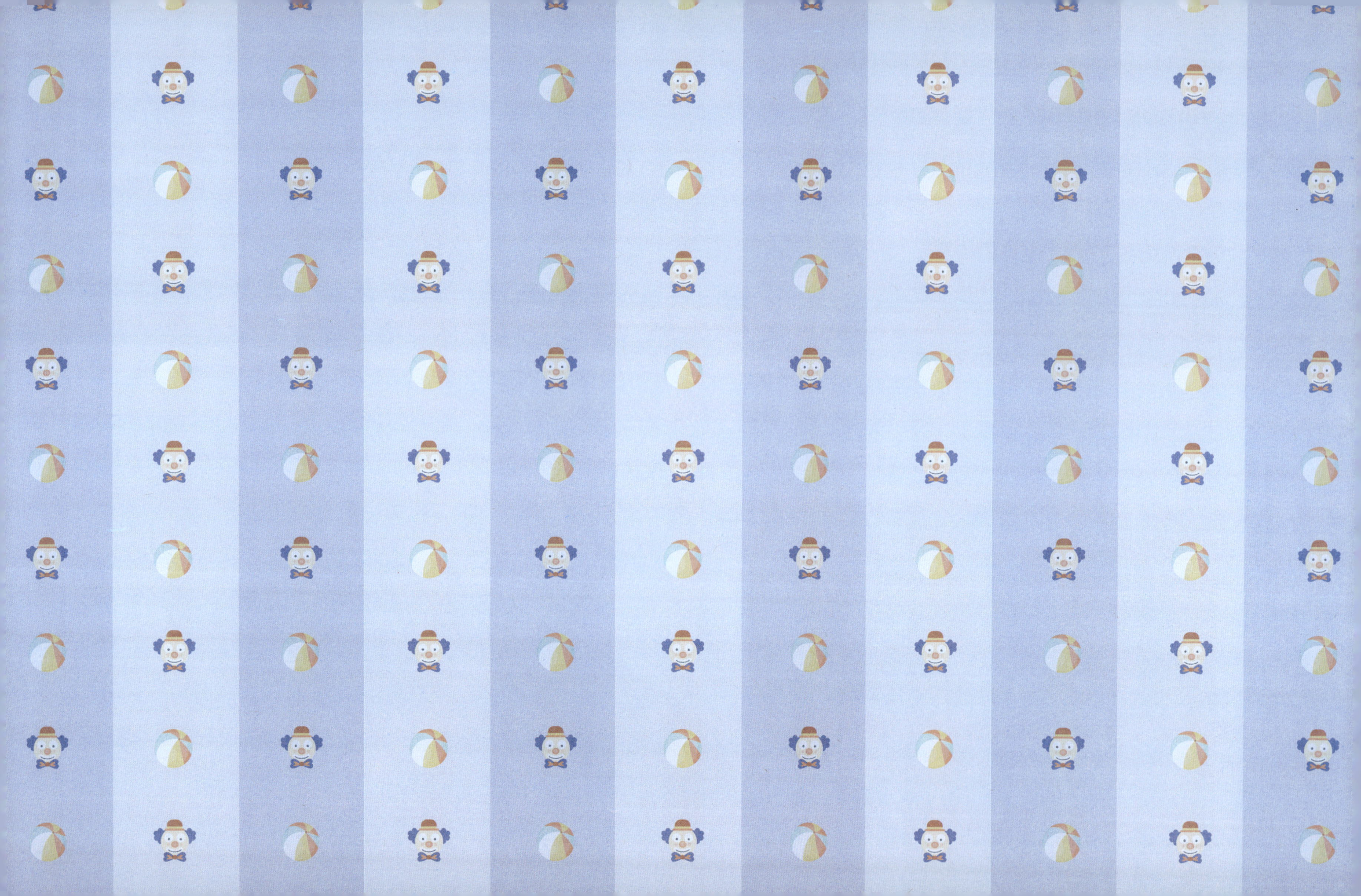

Dia do Professor – 15 de outubro

Cole bolinhas de papel crepom no miolo da flor. Depois, desenhe o professor no quadro abaixo. Capriche!

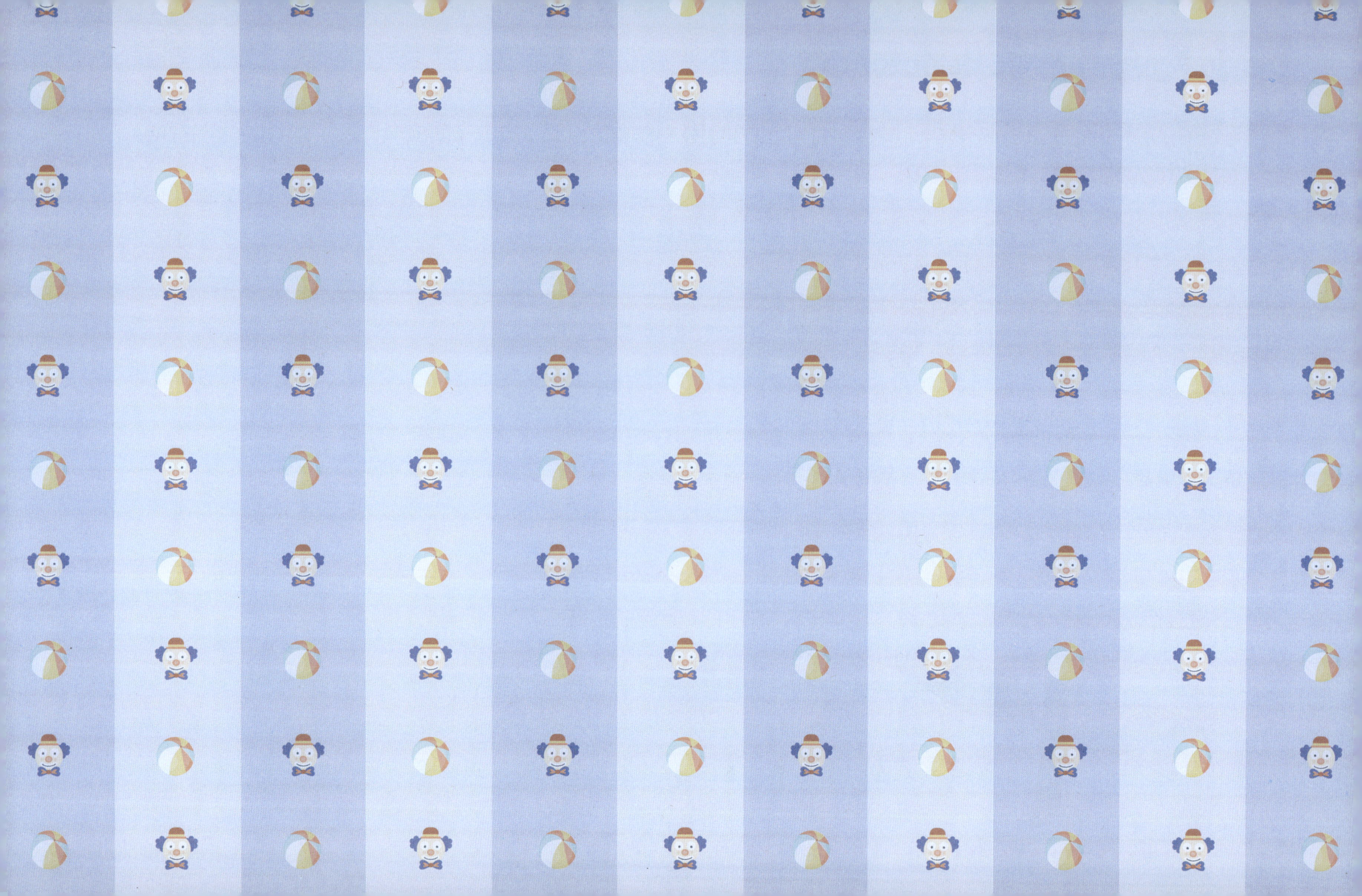

Dia da Bandeira – 19 de novembro

Recorte a bandeira do Brasil. Depois, cole uma vareta na lateral e brinque com os colegas.

Modelo:

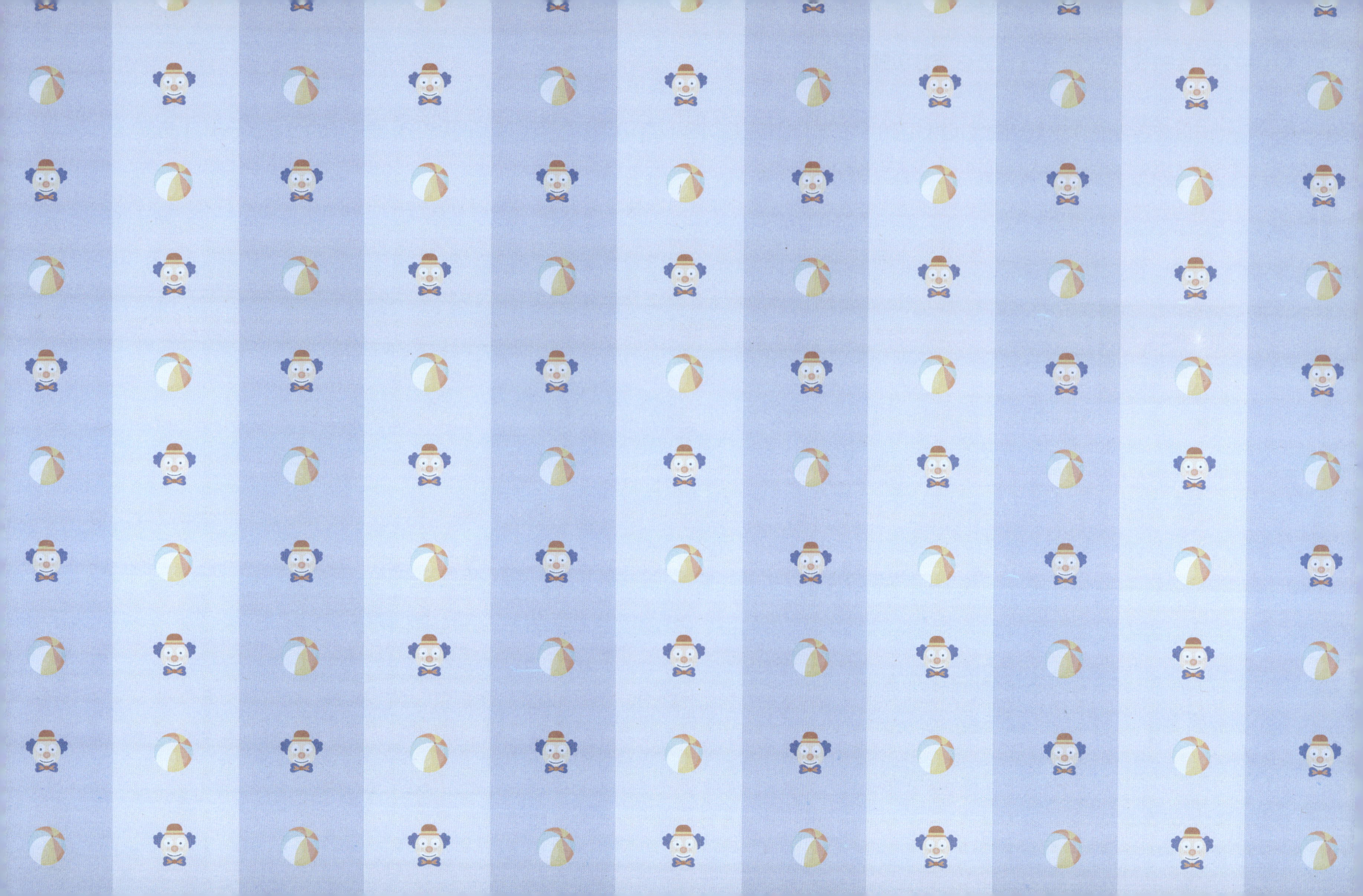

Natal

Para os cristãos, a festa desse dia comemora o nascimento de Jesus Cristo.

Cole algodão nas asas dos anjinhos.

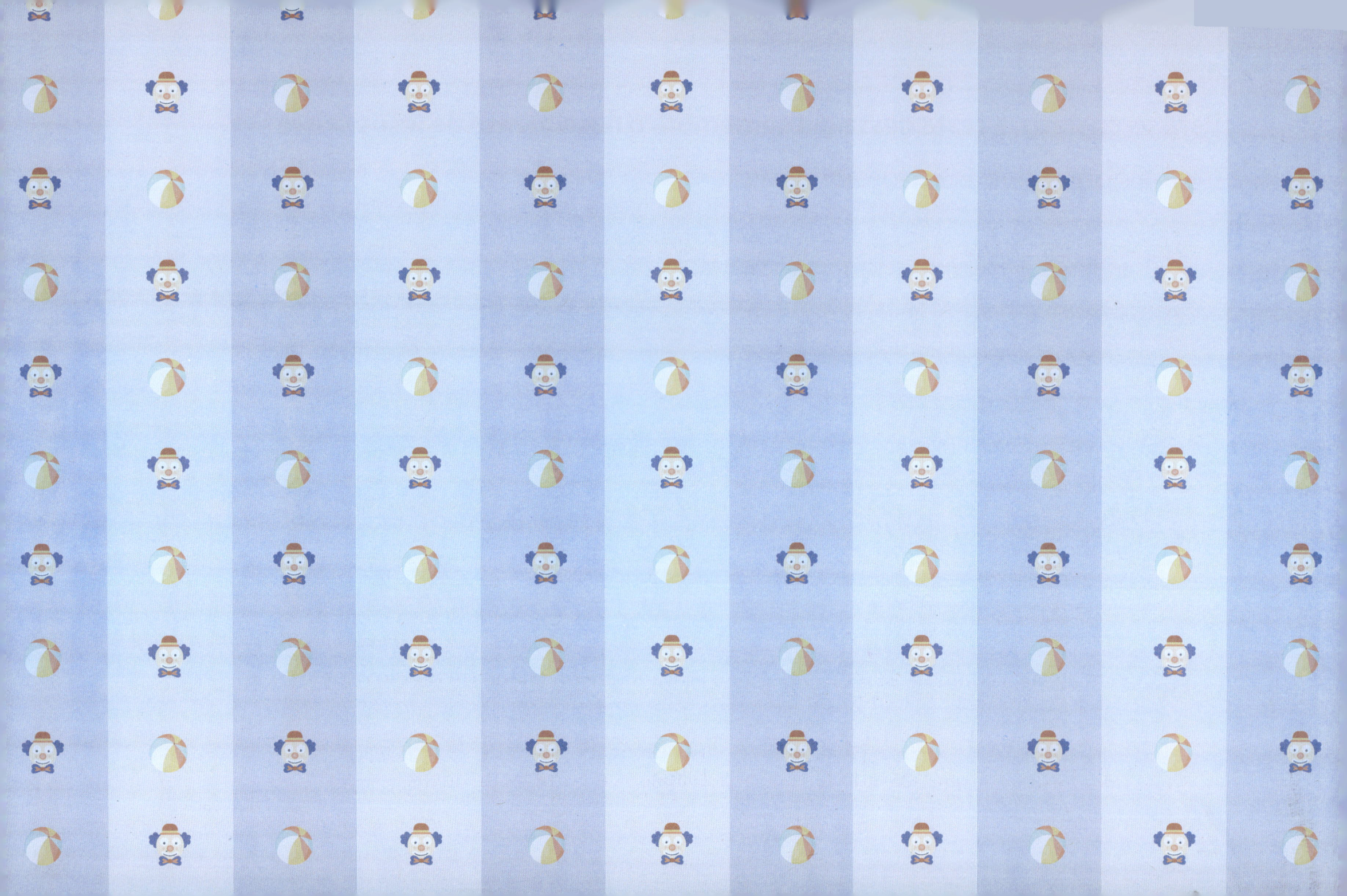

Ficha individual de observação

(Esta ficha é de uso exclusivo do professor.)

Objetivos

⭐ Dar ao educador condições de organizar melhor suas observações sobre o desenvolvimento da criança no dia a dia.

⭐ Delinear o perfil da criança, seus hábitos e suas preferências.

⭐ Utilizar a ficha durante as reuniões de pais como fonte de informações sobre a criança.

Observações

⭐ Esta ficha não pode ser trabalhada em forma de teste. Destaque-a do livro de cada criança no início do ano.

⭐ Aconselhamos que comece a trabalhar com a ficha somente a partir do segundo bimestre, quando já conhece melhor a criança, porque, nessa faixa etária, às vezes, ela pode ter atitudes agressivas ou desordenadas na apresentação das ideias, sem que sejam suas características verdadeiras. Não espere da criança um comportamento estável. Preencha a ficha após várias observações.

⭐ Para avaliar o grau de aprendizagem e a maturidade da criança, é preciso ouvi-la com bastante atenção e verificar seu desempenho durante toda e qualquer atividade.

⭐ Esperamos que esta obra seja uma ferramenta de ajuda a seu criativo e dinâmico trabalho para juntos formarmos cidadãos com habilidades e atitudes positivas.

Vilza Carla

Nome: _____

Para trabalhar com a ficha de observação, sugerimos a seguinte simbologia e descrição:

▲ Sim　　● Às vezes　　▼ Não　　■ Não observado

	Características físicas, mentais, sociais e emocionais	Bimestres			
		1º	2º	3º	4º
1.	Realiza as atividades com interesse.				
2.	Escolhe atividades.				
3.	Faz muitas perguntas.				
4.	Seu período de concentração é muito curto em relação ao das demais crianças.				
5.	Pronuncia as palavras com facilidade.				
6.	Gosta de brincar de faz de conta, imitar, dramatizar.				
7.	Segue instruções.				
8.	Mostra-se responsável com seus pertences.				
9.	Recusa-se a participar das brincadeiras em grupo.				
10.	Demonstra fadiga após quaisquer atividades.				
11.	Espera sua vez.				
12.	Manifesta timidez.				
13.	Dá recados com clareza.				
14.	Memoriza poemas, frases, canções.				
15.	Aceita mudanças na rotina.				
16.	Chora sem explicações evidentes ou com frequência.				
17.	Pede sempre ajuda.				
18.	Demonstra agressividade.				
19.	Rabisca e estraga trabalhos dos colegas.				
20.	Demonstra iniciativa para resolver seus problemas.				
21.	Revela segurança.				
22.	É bem aceita pelos colegas.				
23.	Demonstra dificuldade em ser organizada.				
24.	Partilha seus objetos com boa vontade.				
25.	Apresenta prontidão na aprendizagem.				
26.	É observadora.				
27.	Participa das avaliações orais.				